Markus Nowatzki

Reflektionen über das Internet und Cyberspace und deren Darstellung in
Hollywoods Filmen

Markus Nowatzki

# Reflektionen über das Internet und Cyberspace und deren Darstellung in Hollywoods Filmen

GRIN Verlag

Bibliografische Information Der Deutschen Bibliothek: Die Deutsche
Bibliothek verzeichnet diese Publikation in der Deutschen Nationalbibliogra-
fie; detaillierte bibliografische Daten sind im Internet über http://dnb.ddb.de/
abrufbar.

1. Auflage 2004
Copyright © 2004 GRIN Verlag
http://www.grin.com/
Druck und Bindung: Books on Demand GmbH, Norderstedt Germany
ISBN 978-3-638-70400-7

From: Verfasser: Markus Nowatzki

----------------------------------------------------------------

----------------------------------------------------------------

Subject: Thema: Reflektionen über das Internet und Cyberspace
und deren Darstellung in Hollywoods Filmen

# M A G I S T E R A R B E I T

im Fach Amerikanistik

Studiengang Nordamerikanische Kulturstudien

an der Fakultät

Sprach-, Literatur- und Kulturwissenschaften

der

Technischen Universität Dresden

---- Dresden, den 30. September 2004 -----

# 1    Inhaltsverzeichnis

# 2    Einleitung

Leise surren die Lüfter, ab und zu hört man das Geräusch von arbeitenden Prozessoren, die Szene ist halbdunkel nur durch das Licht erhellt, welches von altmodisch wirkenden herkulesgrafischen[1] Monitoren stammt. Halbwach nur werden die heruntergeladenen Texte zu überflogen, die plötzlich verschwinden und nur ein blinkender Cursor führt einen sich selbst eingebenden Text an. Der Computer spricht ...

Diese Szene wirkt unglaublich und ist geprägt von einer der tiefsten Hoffnungen, aber auch Ängste des modernen von Maschinen abhängigen Homo Sapiens, daß Technologie sich verselbständigt und nicht einmal der hastige und mehrmalige Druck auf die Escapetaste zur Wiederherstellung der Kontrolle führt.

Hoffnungen deshalb, weil es seit Prometheus ein menschlicher Traum ist, Leben in Form von künstlicher Intelligenz zu erschaffen. Ein literarisches Vorbild in dieser Hinsicht ist Golem,[2] das von Rabbi Löw geschaffene Monster, welches sich durch einen „Bedienungsfehler" verselbständigt. Die Golemgeschichte zeigt im gleichen Atemzug natürlich auch das Problem des besagten Kontrollverlust, wobei dieses Beispiel nur eine Auswahl der Betrachtungen ist, die in den letzten zwanzig Jahren in Hollywood thematisiert wurden. Eine Auswahl der auf das Internet projizierten Hoffnungen und Befürchtungen, Utopien und Dystopien sollen in dieser Arbeit vorgestellt werden und es soll versucht werden, deren Darstellung in einer Auswahl von Filmen zu analysieren.

Meist verbunden mit diesen Reflektionen sind Utopien und Dystopien in Bezug auf neue Medien und Technologien, wodurch sich zeigt, daß mit dem gesellschaftlichen Umbruch 1990 Utopien nicht an Wirkung verloren haben[3]. Obwohl das Internet vor dieser Zeit schon als ARPANET – ein Computernetz als Produkt des Kalten Krieges, entstanden im Auftrag des Militärs – existierte, hat es erst nach dem dieses Zeitabschnitts an Wirkung gewonnen. Es wurde bald als eine neue Möglichkeit der Demokratie dargestellt, als eine neue Möglichkeit, die Gesellschaft mittels ungehinderter basisdemokratischer Informationen zu verändern. Allerdings stellen sich   daß sich Kritiker bei einer solchen hehren Herausforderung gegen ein entsprechendes Argument. Sie versuchen Ängste im Kleid von alten Argumenten, wie Kontrollverlust, und Machtmißbrauch darzustellen.

---

[1]    Herkulesgrafik. Monitortyp und Grafikkartenspezifikation.

[2]    Vergl. Vaclav Cibula: S. 158-171.

[3]    Technische und gesellschaftliche Utopien sind zwar zwei verschiedene Paar Schuhe, jedoch bedingen sich diese durchaus in der Art und Weise, daß seit der industriellen Revolution gesellschaftliche Utopien mit Technologie verknüpft wurden und versucht wurde ein neues Menschenbild mit Hilfe der neuen Technologie auszurufen.

Dennoch: Obwohl die Zahl der sich mit dem neuen Medium beschäftigenden Publikationen und Reflektionen täglich wächst, ist es schwer, in dieser Auswahl eine vergleichende Betrachtung der Beziehung des neuen Mediums Internet zum Film zu finden. Dabei haben sich sich seit den frühen achtziger Jahren etliche Hollywoodproduktionen mit Cyberspace, und seit den neunziger Jahren mit Internet als spezieller Art des Cyberspace, auf die eine oder andere Art auseinandergesetzt. Die verbindende Betrachtung der neuen Medien mit Internet und Film ist auch insofern interessant, als daß Filme eine Art O-Ton von *John Doe* darstellen, insbesondere wenn der Film nicht eine unabhängige, sondern die Produktion eines großen Filmstudios ist, die mit Sicherheit auch den „Nerv" der Rezipienten treffen muß, um wirtschaftlich erfolgreich zu sein.

Aber nicht nur eine komparatistische Analyse der Filme im Hinblick auf deren Internetdarstellungen scheint aussichtsreich, sondern auch die Betrachtung der verbindenden Elemente von Kultur- und Literaturwissenschaft, sogar Naturwissenschaft, lohnt sich: Gerade im Zusammenspiel zwischen materieller Produktion und inhaltlicher Produktion, zwischen Hard- und Software, zwischen der Verbreitung dieser und der Rezeption durch den Konsumenten zeigt sich die Komplexität des Themas. Dabei wird das Sujet unterschiedlich aufgegriffen, ganz in der Vielfalt der unterschiedlichen Meinungen darüber, was man unter Cyberspace, Internet und der in diesen Subkulturen agierenden Teilnehmern[4] versteht. Unter diesem Gesichtspunkt ist auch die Auswahl der zu betrachtenden Filme getroffen worden.

Erstens wird versucht, die Aspekte „Menschmaschine", „Maschinmensch" und „Menschen in Beziehungen zu Maschinen" zu klären. Es ist darzustellen, wie die Beziehungen der beiden Gruppen zueinander geprägt ist. Dabei ist es wichtig zu sehen, daß diese filmisch oder literarisch reflektierte Beziehung nicht nur in eine Zuneigung oder Ablehnung zu Technik mündet, sondern besonders im Cyberpunkgenre zu einer Verschmelzung beider kulminiert. Dies stellt die Quelle des Konflikts dar, wobei William Gibson mit *Neuromancer* den Reigen eröffnet.

Ein weiterer Teil in der Betrachtung sollen diejenigen Filme sein, die die Tragweite virtueller Realität in unserem Leben darzustellen suchen. Dies kann beispielsweise durch eine psychologisch relevante Projektion von virtueller Realität im Leben der Menschen dargestellt werden, wie z.B. geschehen in Soderberghs *Solaris* nach dem gleichnamigen

---

[4]     Korrekterweise wird zwischen dem Begriff Hacker und Cracker unterschieden, der erste Begriff wird für jene verwendet, die sich besonders in der Computertechnologie als Programmierer auszeichnen. Cracker sind alle jene, die als Hacker einen illegalen Weg der Computernutzung beschreiten. Kevin Mitnick ist also ein Cracker, während Linus Torvald ein Hacker ist.

SF-Klassiker von Stanisław Lem. Dabei wird immer die Frage, nach der Existenz virtueller Realität und reeller Realität im Raum stehen, denn wann wird man sich dieser parallelen Realitäten bewußt?

Zahlreich vertreten in der Gruppe der Internetfilme ist das Thema der im Internet verbreiteten Verschwörungstheorien, hauptsächlich im Mantel des Machtmißbrauchs auftretend. Dabei wird die Angst über Kontrollverlust und Identitätskrisen der Protagonisten zum beherrschenden Thema. Dies geschieht am anschaulichsten in den Hackerfilmen, die sich mit der immer wiederkehrenden Furcht vor dem „Virus im System" auseinandersetzen, mit der Angst vor unerlaubtem Zugriff, vor unkontrollierbarem Schaden. Aber auch mit dem neuen Medium verbundene soziologische Aspekte kommen nicht zu kurz. So wird beispielsweise im Film *You've got M@il* von Nora Ephron versucht, die Relevanz des Unterschiedes zwischen einer Beziehung im realen und im virtuellen Leben darzustellen.

## 2.1   Vorbedingung und Fragestellung

Diese Arbeit soll sich mit der folgenden Auswahl allgemeiner Reflektionen über die mit dem Internet und mit dem Cyberspace verbundenen, im folgenden aufgezählten Themen beschäftigen: Erstens soll die Darstellung der Wechselbeziehung Menschen-Maschine in den sogenannten Cyberpunkfilmen geklärt werden. An zweiter Stelle folgt die Betrachtung des Motivs der virtuellen Realität in unterschiedlichster Form. Weiterhin sollen Internetfilme in ihren verschiedensten Ausprägungen vorgestellt werden. Dies sind zum einen die Filme, welche den Machtmißbrauch und verschiedenste Verschwörungstheorien im Internet zum Thema haben. Andererseits sind das auch Filme über den Kontrollverlust durch technisches Versagen. Schlußendlich gibt es natürlich auch Filme, welche weniger eine negative Darstellung des Internes zum Thema haben, sondern versuchen, dem Internet eine ironisch amüsante Note abzugewinnen.

Insgesamt werden diese Reflektionen über die Internet Galaxis und über den Cyberspace untersucht. Dabei wird zugesehen, wie im amerikanischen Film darauf reagiert wird und wie sie ihren Weg in die zu behandelnden Hollywoodfilme gefunden haben. Besonders wichtig dabei ist die Analyse der Übernahme von Vorstellungen und Mythen des Zeitgeistes in die Metaphern und Konzepte der filmischen Handlungen. Außerdem wird betrachtet, inwiefern Hollywood zu neuen Paradigmen und Sichtweisen auf das Thema beiträgt.

Die in dieser Arbeit aufgestellte These lautet im Kern: Wann immer Hollywood das Internet zum Thema macht, ist es eine Darstellung aktueller Reflektionen über das Medium. Dabei wird sich zumeist auf eine Darstellung des Internet als Cyberspace im Sinne William Gibsons bezogen. Daraus ergeben sich zwei Punkte:

a) Die in dieser Arbeit benannten Utopien oder Dystopien stellen im Film den zentralen Konflikt dar. Beispiele dafür sind u.a. die Punkte „Technophilie-Technophobie", „Verschwörung-Netzdemokratie" etc.

b) Dies wird durch eine Verschiebung der Wahrnehmung der Grenzen zwischen Wirklichkeit und virtueller Realität dargestellt. Hier können als Beispiel die Verschiebung von Kontrolle zugunsten von Kontrollverlust, die Transzendenz vom Körperlichen oder Fleischlichem zu Daten gelten, aber die Verschiebung von Identität, die damit einhergeht, ist ebenso zu nennen. Unter diese Rubrik fallen sowohl Gender- und andere Spiele mit Identität, als auch Krisen der Identität.

Das Internet ist der Stoff aus welchem unser Leben gemacht sei, beginnt Manuel Castells seine Reflektionen über das Internet, dieses als Erweiterung einer menschlichen Eigenschaft begreifend, Netzwerke zu bilden.[5] Indem er das Schlagwort des McLuhanitischen Medienzeitalters aufgreift, daß das Medium die Nachricht sei, und es auf das Internet anwendet, nämlich „The network is the message", greift er die bisherigen Nachteile der Netzwerkbildung auf[6] und versteht diese im Zeitalter des Internets als gelöst.[7] Der herausragende Punkt dabei ist für ihn die horizontale Kommunikation vieler zu vielen auf einer globalen Ebene, was als evolutionär begriffen wird. Evolutionär deshalb, weil ein neues, durch Computer schnelleres Stadium der Netzwerkbildung erreicht wurde. Und genau wie die Verbreitung der Printmedien im Westen die Gutenberg Galaxis erschufen, enstehe dadurch, so Castells, eine neue Welt, die der „Internet Galaxis".[8]

In diesem Kontext ist es auch nicht schwer, diese Galaxis begrifflich einfach zu erweitern und sich auf Cyberspace zu beziehen, in der Art nämlich, wie dieser in William Gibsons Vorstellung geprägt wurde:

---

[5]  Castells: *Galaxy*. S. 1.

[6]  „[...] in spite of their advantages in terms of flexibility, networks have traditionally had to reckon with a major problem, in contrast to centralized hierarchies. They have had a considerable difficulty in coordinating functions, in focusing resources on specific goals, and in accomplishing a given task, beyond a certain size and complexity of the network. For most of the human history, networks were outperformed as tools of instrumentality by organizations able to muster resources around them [...]" Castells: *Galaxy*. S. 2.

[7]  Die Einführung einer computergesteuerten Informations- und Kommunikationstechnologie befähige Netzwerke dahingehend, ihre Flexibilität und Anpassungsfähigkeit zu erweitern. Castells benutzt dabei die Schlagworte von „unprecedented combination of flexibility and adaptibility", „coordinated decision-making" und „decentralized execution", von „individualized expression and global, horizontal communication", die zusammen eine neue vortreffliche Organisationsform für menschliche Handlungen bilden würden. Vergl. Castells: *Galaxy*. S. 2.

[8]  Castells: *Galaxy*. S. 2f.

„Kyberspace. Unwillkürliche Halluzination, tagtäglich erlebt von Milliarden Berechtigten in allen Ländern, [...] grafische Wiedergabe abstrahierter Daten aus den Banken sämtlicher Computer im menschlichen System. Unvorstellbare Komplexität. Lichtzeilen, in den Nicht-Raum des Verstands gepackt, gruppierte Datenpakete. Wie die fliehenden Lichter einer Stadt ...“[9]

So versteht dann auch David Bell Cyberspace als etwas mit materiellen, symbolischen und experimentellen Dimensionen, aus Maschinen, Kabeln, und Elektrizität, aus E-Mail, Websites, Chats und MUDs, jedoch auch aus unseren Ideen und Vorstellungen auf unseren Computern und dem Raum zwischen den Bildschirmen.[10] Wichtig ist dabei insbesondere die Verbindung der Ideen über Cyberspace und Internet als Raum für Interaktion in einer virtuellen Welt, als Ort für virtuelle Existenzen, sogar virtuelles Leben, ja virtuelle Intelligenz. Es ist eben nicht nur möglich sich einzuloggen, sondern ebenso sich in einem künstlichen Zeit/Raumgefüge zu treffen, es kommt die Komponente der sozialen Interaktion hinzu. In der Verschmelzung von Realität mit künstlicher Realität wird eine neue Stufe der Evolution kreiert, welche zu gesellschaftlicher Veränderung führt. In diesem Cyberspace bewegt sich nicht nur der Teilnehmer aus Fleisch und Blut, welcher sich einloggt, sondern auch virtuelle Intelligenz, oder der vom Fleisch und Blut in den Cyberspace transzendierte Teilnehmer.[11]

Spätestens an dieser Stelle wird Cyberspace aber auch als eine Bedrohung wahrgenommen, die in ähnlicher Form schon von den Maschinenstürmern des neunzehnten Jahrhunderts empfunden wurde. Bereits in den frühen Jahren der Computerisierung beginnend, sieht sich der Nutzer einer Konfrontation zwischen analoger und digitaler Welt ausgesetzt. So beschreibt Gene I. Rochlin folgendes Erlebnis mit einem Computer:

„This morning I got a call from a computer. The local telephone company had just repaired a defective line, and its computer was calling me to ask how satisfied I had been with the service. Somewhat amused by the role reversal, I dutifully punched the buttons of my touch-tone phone when requested [...]. Only after I hung up did I realize that the reversal of roles had only been symbolic. It did not matter whether I called the computer or it called me. In either case, I have learned to adapt my behavior to comply with the specifications of a machine.“[12]

---

[9]   Gibson: *Neuromancer*. S. 76.

[10]  Bell: *Cybercultures*. S. 2.

[11]  Das Internet wird in dieser Arbeit als *Teilmenge* für Cyberspace betrachtet. Deshalb ist es wichtig, daß auch Fragen der virtuellen Realität und künstliche Intelligenz in diesem Zusammenhang behandelt werden.

[12]  Rochlin: *Trapped*. S. 3.

Je mehr die Computerisierung fortschreitet, umso mehr sieht Rochlin Probleme auftreten, die sämtlich mit der inhärenten Unfähigkeit von vorprogrammierten, automatischen Systemen zusammenhängen. Für diese Systeme scheint es unmöglich, effektiv mit der Vielzahl und der Unvorhersehbarkeit menschlicher Handlungen umzugehen, was im deutlichen Gegensatz zur schon angerissenen These Castells' steht. In diesem Kontext steht dann auch die Furcht vor Korruption und Manipulation, die mit dem Mißtrauen eines großen Teils der amerikanischen Bevölkerung gegenüber seiner Regierung einhergeht. Zu dieser Angst manipuliert zu werden gesellt sich auch der Gegensatz zwischen dem identitätsstiftenden Eintauchen in den Cyberspace und der oftmals literarisch und filmisch behandelten Identitätskrise der Konsolencowboys.[13]

Weiterhin darf man die Urangst menschlicher Individuen vor dem Verlust der Kontrolle nicht vergessen. Es kann davon ausgegangen werden, daß ein jeder, der sich mit einem Computer im Internet bewegt und dessen Rechner plötzlich heruntergefahren wird, sich diesem Gefühl von Machtlosigkeit durch Unwissen und Kontrollverlust ausgesetzt sieht. Schließlich beruht das wesentliche Merkmal der Beziehung des Menschen zu Maschinen darin, diese nach dem Willen des Benutzers ein- und abschalten zu können.[14]

Bei dem vergleichenden Überblick über die Entwicklung der Computerisierung und des Internets im Zusammenhang mit den Veröffentlichungs- und Premierendaten der Romane und Filme, die in dieser Arbeit behandelt werden, fällt auf, daß es ungefähr drei wichtige Zeitabschnitte seit dem Beginn der achtziger Jahre gibt. Während dieser Zeitabschnitte scheinen sich Filmpremieren eng um die entsprechenden Zeitpunkte in der Hard- und Softwareentwicklung und der damit zusammenhängenden Reflektionen zu scharen, indem Hollywood recht schnell auf den entsprechenden Zug aufzuspringen sucht.

Obwohl die Entwicklung der Computertechnik bereits in den vierziger Jahren des 20. Jahrhunderts begann, setzte die endgültige Computerisierung der Gesellschaft mit der fortschreitenden Entwicklung der Mikroelektronik erst gegen Ende der siebziger Jahre ein und erreichte einen ersten Höhepunkt am Anfang der achtziger Jahre. In diesem Zeitraum verbreiteten sich nicht nur die ersten Mikrocomputer, wie zum Beispiel der Commodore C64 oder andere 8-Bitcomputer. Hacker[15], wie Kevin Mitnick erreichten nicht nur ihren

---

[13] Der Begriff Konsolencowboys wird insbesondere immer wieder von William Gibson verwendet, um Hacker und ähnliche begabte Teilnehmer am Cyberspace zu bezeichnen.

[14] Vergl. Turkle: *Life on Screen.*

[15] In der Computerwelt spricht man im allgemeinen von Hackern, um Menschen zu bezeichnen, die sich sehr viel am Rechner aufhalten und durch besondere Programmierleistungen auffallen. Dazu gehören auch jene, die es aus sportlichem Ehrgeiz schaffen, in fremde Computernetze einzudringen, ohne aber einen Nutzen daraus zu ziehen. Von Crackern dagegen spricht man, wenn die Absicht zu schaden, oder sich zu bereichern besteht. In dieser Arbeit wird aber der Einfachheit wegen nur von Hackern gesprochen. Das Beispiel Kevin Mitnick zeigt, daß die

ersten „Ruhm". Es kamen auch die ersten Computerfilme in die Kinos, wobei als Beispiel der Film John Badhams *Wargames* dienen mag, welcher präzise den Nerv des Publikums traf und sogar Kultstatus erreichte. Weitere Indizien für den ersten Höhepunkt in der Computerisierung sind die in dieser Zeit erschienenen Kurzgeschichten und Romane William Gibsons, welcher mit seiner *Sprawl*-Serie[16] den Cyberspace zum ersten Mal beschreibt,[17] sowie der Bezug auf Orwells Roman *1984*, dessen dystopische Welt fragmentarisch auch in den Romanen Gibsons und im Film *Wargames* wiederzufinden ist.

Eine neue Klimax kann Anfang der neunziger Jahre mit dem Beginn des Internets festgestellt werden, denn das World Wide Web (WWW), welches 1991 mit CERN angeschlossen wurde[18], verlieh dem Netzwerk ungeahnte Dimensionen. Die aufkommenden Diskussionen um eine Virtuelle Realität ließen auch einige Filme entstehen, die sich ausschließlich mit diesem Thema beschäftigen. So zeigte 1992 Brett Leonards *Lawnmower Man* dem Publikum seine potentielle Möglichkeit zur Transzendenz in die virtuelle Realität. Im Jahr 1995 erreichte die Filmproduktion ihren quantitativen Höhepunkt. Insgesamt vier Filme erprobten sich am Thema. Ian Softleys *Hackers* und Irwin Winklers *The Net* versuchen dabei die Protagonisten im entstandenen Internet zu charakterisieren, wobei besonders im Film mit Sandra Bullock die Ambivalenz zwischen extremer Individualität und Identitätsverlust vorgeführt wird. Gegen Ende der neunziger Jahre ist das Internet soweit etabliert, daß es nicht nur einen wirtschaftlichen Boom auslöst, sondern auch als angeblich neues kulturelles Phänomen betrachtet wird, was sich folglich in den Programmen der Kinos widerspiegelt. *You've got M@il*[19] wird zum Synonym für die Möglichkeit sich per Netzzugang kennenzulernen, wobei zusätzlich zum klassischen Blinddate die typische Identitätsfrage gestellt wird.

Durch *eXistenZ* wird das Thema der virtuellen Realität durch Cronenberg erneut aufgegriffen. Im Gegensatz zu seinem Film *VideoDrome* von 1983, welcher virtuelle Realität durch Videoaufnahmen erzeugt, verlieren die Charaktere den Bezug zu ihrer

---

Grenzen immer fließend sind.

[16]  Vergl. William Gibson: *Neuromancer, u.a.*
      Der Sprawl ist ein weit auseinandergezogener unregelmäßiger verbreiteter Ballungsraum, in Gibsons Romanen der Ort der Handlung.

[17]  So schreibt Michael Nagula in seinem Nachwort zu der deutschen Taschenbuchausgabe des : „Seinen Rhythmus sollte er schließlich mit der von Bruce Sterling so bezeichneten Sprawl-Serie finden, [...] deren besonderes Merkmal es sei, daß sie von neuen Ansätzen ausgehe, 'nicht von der abgedroschenen Formel aus Roboter, Raumschiff und modernem Kernkraftwunder, sondern von der Kybernetik, Biologie und Nachrichtentechnik, um nur einige zu nennen." Nagula: *Nullstelle*. S. 343.

[18]  Nur zwei Jahre später hatte schon das Weiße Haus eine Internetadresse: http://www.whitehouse.gov.

[19]  Der Originaltitel *You've got M@il* ist ein direkter Hinweis auf den Sponsor des Films, welcher über die neuen Möglichkeiten des Internets aufklären möchte.

Realität durch ein Computerspiel. Ebenso wird die Realitätsfrage in den Filmen Rusnaks *The 13^th Floor* und *The Matrix* der Wachowskibrüder gestellt, wobei gerade *The Matrix* sich eine ausführliche Reflexion über die Natur der Wirklichkeit erlaubt.

An dieser Stelle soll noch ein Wort zu den Themen, welche bereits angeschnitten wurden, fallengelassen werden. So ist an erster Stelle der Cyberpunk zu nennen, der zwar manchmal als eine Art „Modebewegung [abgetan wurde], die dem Trend der Zeit kurz gehorchend kurz aufloderte und wieder erlosch".[20] An zweiter Stelle gibt es die Filme, welche sich ausführlich der Frage der virtuellen Realität stellen. Dies wird zwar auch im Cyberpunk getan, in diesem Genre ist es aber die zentrale Frage, mit der sich der Film auseinandersetzt, während im Cyberpunkgenre eher die Wirkung der Mensch-Maschinenbeziehung eine zentrale Rolle spielt.

Der Film Wargames wird sowohl unter dem Aspekt des Kontrollverlustes, der Verantwortung der Schöpfer von Maschinen, als auch unter der Facette eines Generationskonflikts zwischen Jugendlichen und Erwachsenen. Der Generationskonflikt bildet an dieser Stelle die Grenze zwischen zwei Welten, einerseits der Welt der Erwachsenen andererseits der Welt der Jugendlichen. Beide Gruppen nehmen jeweils an, daß die Welt der anderen Gruppe virtuell und nicht zu verstehen ist. An letzter Stelle sollen Filme stehen, die das Internet selbst reflektieren. Dabei stehen *You've got Mail* und *The Net* jeweils für eine utopische oder dystopische Sichtweise.

---

[20]  Nagula: *Nullstelle*. S. 337.

## 2.2    Vorgehensweise

Als erstes wird im dritten Kapitel versucht, sich dem Thema theoretisch zu nähern. Es wird ein Überblick über vorhandene Reflektionen und Paradigmen in der Literatur gegeben, dabei wird sich mit der Begrifflichkeit des Cyberspaces, der Kybernetik, und der virtuellen Realität anhand der Zukunftswelt William Gibsons auseinandergesetzt. Ganz wichtig ist auch die Auseinandersetzung mit der Frage der Realität, weil dies ein zentrales, immer wiederkehrendes Motiv der Filme ist. Als nächstes werden die schon behandelten Punkte dem Thema Internet zugeordnet, indem die Konflikte zwischen Utopie und Dystopie im Internet oder im Cyberspace analysiert werden. Das vierte Kapitel folgt als Schnittstelle zwischen theoretischer Betrachtung einerseits und der Anwendung dieser Betrachtung in der Analyse der Filme andererseits. Diese nach Themen geordnete Bearbeitung wird der Inhalt der weiteren Kapitel sein. Im einzelnen sind das Ridley Scotts *Blade Runner* und *The Matrix* der Wachowskibrüder unter dem Thema Cyberpunk im fünften Kapitel. *The Matrix* wird noch einmal zusammen mit den Filmen *13th Floor* von Joseph Rusnak, *eXistenZ* von David Cronenberg und *Solaris* von Steven Soderbergh unter dem Gesichtspunkt virtuelle Realität im sechsten Kapitel zusammengefaßt. Das siebte Kapitel betrachtet den Film *Wargames* von John Badham, wobei die Themen Generationskonflikt, Kontrolle und Verantwortung gegenüber Maschinen aufgegriffen werden. Dieses Kapitel dient auch als Überleitung zum Thema Internet im achten Kapitel, welches die Filme You've got M@il und das Netz jeweils als Utopie und Dystopie gegenüberstellt. Die Ergebnisse der Arbeit werden im neunten Kapitel zusammengefaßt und mit einem Ausblick auf weitere Recherchemöglichkeiten und Forschungsansätze versehen.

# 3    Cyberculture and Internet

## 3.1    Cyberspace

Zunächst steht der Autor William Gibson im Mittelpunkt der Betrachtung, wird er doch als Begründer des Cyberpunk Genres mit den Schlüsselromanen der Sprawlserie bezeichnet. Es ist schon verwunderlich, daß William Gibson keinen Computer nutzte, geschweige denn eine dieser Maschinen in Aktion gesehen hat, als er den Begriff Cyberspace für jenen Raum fand, welchen sich Mensch und Maschine in einer Art Symbiose zu teilen scheinen und welcher, so Gibson selbst, hinter dem Bildschirm zu finden sei und von welchem sich die in ihn Eintauchenden die gleiche Erlösung erhoffen wie Abhängige von einer Droge.[21]

Als Gibson, der sich Ende der Sechziger einfach als Hippie treiben ließ,[22] ernsthaft zu schreiben begann, kam gerade der Punk als eine neue Subkultur auf. Mit dessen für die Zeit schockierenden modischen und musikalischen Formen schuf Gibson zusammen mit zivilisatorischen Bruchstücken und Metaphorik aus der Computertechnologie[23] ganz in postmoderner Manier den Prototyp für ein neues Genre in der SF.[24] Die Akteure seiner Romane sind Punks, die genau wie Gibsons Vorbilder aus der entsprechenden Szene als Antihelden auftreten und sich der alltäglichen Anpassung zu widersetzen suchen. Ihre Sprechweise ist ungeschliffen, kurz und wirkt fragmentarisch. Dieser Slang von der Straße ist so wirkungsvoll, daß der Autor diesen in seine Narrationen übernimmt – ein Vorgehen, das an die Beatnik-Autoren der fünfziger Jahre erinnert, an Kerouac, an Burroughs. Die Realität  in seinen Romanen wirkt im Gegensatz zu seinem Konzept von Cyberspace als schmutzige, zerfallende Welt aus Rost, Plastik und Beton:

> „Im Sprawl war Gomi [jap. Müll Anm. des Verf.] was ganz anderes: dicker Humus, Kompost, der Monstren aus Stahl und Polymer hervorbrachte. [...] mitten in die bizarre City mit ihrer Fäulnis und Planlosigkeit, [...]"[25]

---

[21]  „Ich hatte von Gesprächen mit Leuten über Computer her den Verdacht, daß jeder auf irgendeiner Ebene, ohne es je wirklich zu sagen, das Gefühl zu haben schien, daß hinter dem Bildschirm ein Raum war. Ich nahm das eben und spann es soweit aus, wie's ging" Gibson. Zit. nach Nagula: *Nullstelle*. S. 358.

[22]  Nagula: *Nullstelle*. 340.

[23]  Interessant ist, daß Gibson keinen Computer für seine Arbeit nutzte.

[24]  Natürlich konnte William Gibson gerade als Science Fiction Autor die Entwicklung der Computerisierung miterleben. Es  gibt eine von Gibson selbst angegebene Quelle, aus der er für seine Geschichten schöpfte: „Wenn man sich einmal die Körperhaltung der Kids beim Videospielen ansieht, gibt's da eine Feedback-Schleife von Teilchen: Die Photonen treten aus dem Schirm heraus direkt in die Augen des Burschen über, und die Neuronen bewegen sich durch seinen Körper, und die Elektronen bewegen sich durch den Computer. Auf der Teilchenebene gibt's dieses geschlossene System." William Gibson. Zit. nach Nagula: *Nullstelle*. S. 358.

[25]  Gibson: *Mona Lisa*. S. 179.

Diese Welt ist nur durch Drogencocktails, sogenannte „Derms" zu ertragen, und nur durch das „jacking-into-Cyberspace" ist es möglich diese Realität zu verdrängen, ihr zu entgehen. Wie auch Punks versuchen, ihrer Sehnsucht nach Ausstieg aus dem Establishment durch entsprechende Kleidung und Piercings Ausdruck zu verleihen, sehnt sich der richtige „Console Cowboy"[26] nur danach, wieder in den Cyberspace „einzustecken", das Fleisch zu verlassen.

Die literarische Form des Cyberpunk ist auch in weiterer Hinsicht interessant. Es ist eben nicht nur so, daß der Autor eine Art neue, ungeschliffene SF erfunden hätte,[27] die nebenbei auch ziemlich unpolitisch erscheint, sondern es ist zum ersten Mal auch eine SF, die ihre Leser in einer „truly science fictional world" mit Videorecorder, Computern, und/oder Satellitenschüsseln erreicht.[28] Obwohl Gibsons technische Angaben von vielen Lesern als ziemlich vage empfunden wurden, vermögen sie die Lücken mit Leben zu füllen, indem sie auf eigene Erfahrungen mit Technologie zurückgreifen.[29] Dies hat zur Folge hat, daß das Technikverständnis und die Literatur dieser und weiterer Generationen sich gegenseitig befruchten,[30] denn die Art und Weise, wie z.B. *MUDs*[31] aufgebaut sind, sprechen für diese Herkunft.

Als Mitte der neunziger Jahre des zwanzigsten Jahrhunderts das Internet geradezu explosionsartig an Bedeutung gewann, lag dies sicherlich auch zum Teil an Gibsons Texten, die sofort im Diskurs übernommen wurden und in den allgemeinen Sprachschatz eingingen, was nicht nur an der geradezu inflationär gewordenen Benutzung des Morphems *Cyber-* ersichtlich ist. Noch bedeutsamer einzuschätzen ist im Zusammenhang dieser Untersuchung die Bedeutung seiner literarischen Arbeit für die Zeugung einer neuen Generation von Hollywoodfilmen. Deren Abstammung von Gibsons Welt ist ohne weiteres zu erkennen, beginnend mit dem *Lawnmower Man*, welcher grafisch und inhaltlich als einer der ersten Virtual Reality- oder Cyberspace-Filme dieser Generation gilt. So ist die animierte dreidimensionale Darstellung des Cyberspaces zuerst in diesem Film zu entdecken, was in ähnlicher Art und Weise wieder in *Johnny Mnemonic* vorkommt. Dies ist ein

---

[26]   Während des Internetbooms wurde die Bezeichnung Laptopcowboys auch für Hacker geprägt.

[27]   Gibson: „Ich war darauf bedacht, der amerikanischen SF sozusagen gegen den Strich zu schreiben. Verschiedene bewußte Schachzüge resultieren aus dieser Absicht. Zum einen fällt kein Wort über Amerika als politische Institution, und der Text gibt nichts her, womit sich wirklich belegen ließe, daß die Vereinigten Staaten überhaupt existierten." Gibson. Zit. nach Nagula: *Nullstelle*. S. 350.

[28]   Vergl. Bell: *Cybercultures*. S. 24.

[29]   Vergl. Bell: *Cybercultures*. S. 25.

[30]   „Indeed, some commentators have suggested that a recursive 'relationship' has evolved, with 'fact' and 'fiction' informing each other." Bell: *Cybercultures*. S. 24.

[31]   MUD. Multi User Dungeon: Eine Art virtueller Treffpunkt.

Film, dessen Drehbuch sich nicht nur der gleichnamigen Short Story William Gibsons ver-
dankt, sondern das auch aus der Feder desselben Autors stammt, was William Gibson sowohl zum Vater des Cyberpunk macht, als auch zu den Begründern der Cyberpunkfilme
der neunziger Jahre zählen läßt. Am Ende dieser Entwicklung steht der Film *The Matrix*,
in welchem es den Machern dieses Films auf beeindruckende Weise gelungen ist, die ver-
drehte Welt des William Gibson auf Zelluloid zu bannen.

### 3.1.1 Kybernetik

Auch wenn es William Gibson war, der Cyberspace zuerst als Begriff prägte und damit
einem literarische Genre eine neue Richtung gab, geschah dies in einer Denktradition, welche nicht erst mit Beginn der Mikroelektronik beginnt. Deshalb soll in diesem Kapitel
neben einer reinen Begriffsklärung auch eine historische Betrachtung stehen, beginnend
mit einem Blick vom Menschen *sub speciae machinae* zum Geist *sub specie machinae*[32],
um abschließend einem Blick auf den Cyborg als Geist *sub specie machinae* zu werfen.

*3.1.1.1   Vom Menschen sub specie machinae zum Geist sub specie machinae*

Man mache sich folgendes Bild bewußt: Ein Schauspieler oder ein Ballettänzer, der sich
mit stakkatohaften Bewegungen fortbewegt, eine Maschine imitierend, einer Marionette
gleich. Bereits im 17. Jahrhundert und im 18. Jahrhundert gab es Versuche, den Menschen
nachzubilden, indem mechanische Figuren sich durch Uhrenwerke aufgezogen bewegten.
Die Welt wurde mechanisch gedeutet: „Scopus meus hic est, ut coelestam *machinam* di-
cam non esse instar divini animalis, sed instar *horologii*."[33] Ergebnis dieser Weltsicht war
eine anthropomorphe Technikbetrachtung, der Mensch sei eine Maschine, die sich ähnlich
wie diese mechanisch deuten läßt:

> „Die Crafft des Lebens oder der Menschen Thiere entstehet, wenn der Cörper, der aus
> Musculn, mit seinem Blut und Puls-Adern, Nerven, Fasen und Beinen, als eine *Machine*
> zusammengesetzt ist, durch die Seele, als wie eine *Machine* durch die äusserliche Krafft
> regiert wird, daß sie durch die Hände, Füsse, Beine und andere Theile des Leibes einem
> andern Cörper oder *Machine* deß Cörpers beschaffen, oder mit Vortheil gebrauchet
> wird."[34]

Die mechanischen Ansichten über den Menschen sind an der Art und Weise abzulesen, wie
beispielsweise die Vorläufer der Sprachwissenschaft betrieben wurden. So wirkten die

---

[32]   Das Denken *sub specie machinae* ist eine Realisierung jenes Prinzips von Thomas Hobbes (De corpore), nach
welchem der Mensch die Dinge und sich selbst einsieht im Maß, wie er sich und sie herzustellen vermag. Vergl.
Arno Baruzzi: *Mensch und Maschine.*

[33]   Kepler. Zit. nach Jacob: *Maschine.* S. 128.

[34]   Jacob Leupold: *Theatrum machinarum*. Zit. nach. Jacob: *Maschine.* S. 153.

ersten Theorien reichlich mechanistisch und versuchten demzufolge in der Sprache ein Phänomen mit einer festen, gesetzmäßigen Struktur zu erkennen.[35] Doch je mehr sich die Er-
kenntnisse in der Physik und in der Physiologie des Menschen fortentwickelten, desto grö-
ßer wurden die Zweifel an dieser Sichtweise, was insbesondere in der neu enstehenden
freudianischen Psychotherapie mit ihren Grundlagen in der Philosophie Schopenhauers und
Nietzsches deutlich wurde.

Diese an der maschinenhaften Funktion des menschlichen Körpers zweifelnden
Entwicklungen wurden erst wieder nach dem zweiten Weltkrieg in Frage gestellt, als mit
der Entwicklung einer Dechiffriermaschine erste Ideen auftauchten, die schließlich in die
Theorien von Alan C. Turing mündeten. Im gleichnamigen Test[36] versuchte Turing die Fä-
higkeiten einer künstlichen Intelligenz darzustellen, was schließlich auch in die Bücher
Gibsons und im Film *Bladerunner* Eingang fand. Zwar gab es auch Versuche, diese Erklä-
rung Turings zu widerlegen, was schließlich Searle mit seinem hypothetischen Experiment
des *Chinesischen Zimmers*[37] gelang. Obwohl Searle mit dieser These die Möglichkeiten
künstlicher Intelligenz im Sinne Turings widerlegte, war auch seine Idee ein Schritt in
Richtung der Betrachtung des Menschen sub speciae machinae, nur dieses Mal eben nicht
mehr als mechanische Maschine, sondern als elektronische, denn im Grunde genommen
war sein *Chinesisches Zimmer* nichts als ein gedankliches Konstrukt einer Übersetzungs-
maschine. Außerdem widerlegte Searle Turing nicht wirklich in seiner Entgegnung, denn
polemisch ist es möglich zu fragen: können Gehirnzellen einen Sprechakt verstehen?

Ein anschauliches Beispiel für dieses Problem soll an dieser Stelle Joseph Weizen-
baums Programm ELIZA liefern. Joseph Weizenbaum entwickelte dies eigentlich, um
einen „Psychotherapeuten rogerianischer Schule"[38] zu parodieren, und ist als Folge intensi-
ver Forschung in der Sprachanalyse am MIT entstanden. Weizenbaum gelang es mit
diesem Programm „durch bloße syntaktische Eingabenumstellung den Anschein von Ab-
straktions-, also von Codierungs- und Decodierungsfähigkeit zu erzeugen."[39] Er öffnete mit

---

[35]  Als Vorläufer einer Sprachwissenschaft sind beispielsweise die sogenannten Grammatiker im 17. Jahrhundert zu
      sehen. Auch wenn das Ziel der Grammatiker, wie Harsdörfer *Schutzschrift für die Teutsche Spracharbeit* (1644)
      oder Schottelius *Teutsche Sprachkunst* (1641), im Schutz der Sprachreinheit bestand, der Ansatz war strukturalis-
      tisch und mechanistisch. Vergl. Jacob: *Maschine*. S. 120ff.

[36]  Durwen: *Ureda. Turingtest*. www.

[37]  Durwen: *Ureda. Chinesisches Zimmer*. www.

[38]  Rogerianische Schule. Die rogerianische Schule beruht auf einer klientenzentrierten Psychotherapie mit Schwer-
      punkt im Gespräch, welche vom Psychotherapeuten Carl. R. Rogers entwickelt wurde. Dabei ist es wichtig, dass in
      Abgrenzung zur interpretativen beratenden Psychotherapie, keine komplexen Äußerungen zu den Aussagen des
      Probanden gegeben werden. Vielmehr liegt die Bestrebung darin, diesen zum Reden zu bringen, um dessen
      Selbsterkenntnis voranzutreiben. Es wird lediglich auf Schlüsselwörter reagiert, um das Gespräch voranzutreiben.

[39]  Vergl. Arnhold: *TESMIK*. www.

der Vorstellung dieses Programms einer Frage Tür und Tor, welche nach wie vor kontrovers diskutiert wird:[40] Wann beginnt Intelligenz?

Weizenbaum selbst fand es erschreckend, wieviel Vertrauen einer Maschine durch
die Probanden seines Programmes entgegengebracht wurde, und stellte sich gegen eine Anthropomorphisierung der Maschinen, indem er hervorhob, daß die Maschine immer nur ein
Spiegel des den Computer mit Assoziationen fütternden Programmnutzers sei. Dabei ge-
schehe diese Spiegelung nur durch eine gehörige Eigenleistung der Probanden im Kom-
munikationsprozess. In diesem Prozeß würden die Symbole, die Ihnen die Maschine zur
Verfügung stelle, permanent durch die Nutzer interpretiert, was nicht gerade für eine künstliche Intelligenz der Maschine spräche:

> „For in those realms machines are made to behave in wondrous ways, often sufficient to
> dazzle even the most experienced observer. But once a particular program is unmasked,
> once its inner workings are explained in language sufficiently plain to induce understan-
> ding, its magic crumbles away; it stands revealed as a mere collection of procedures, each
> quite comprehensible. The observer says to himself 'I could have written that'. With that
> thought he moves the program in question from the shelf marked 'intelligent' to that
> reserved for curios, fit to be discussed only with people less enlightened tha[n] he."[41]

Obwohl eine mechanisch anmutende Verarbeitung des Inputs durch ein Programm als ein
Indiz für fehlende Intelligenz gelten kann, muß dies nicht notwendigerweise so sein. Ist
nicht auch die Art und Weise, wie unser Körper Informationen mittels Hormonaus-
schüttungen und synaptischen Verbindungen verarbeitet, eigentlich auch eine mechanisch
anmutende Verarbeitung des Inputs? Das Beispiel, daß die Konfrontation zweier ELIZAs
für eine fehlende Intelligenz durch eine für uns Menschen inhaltsleere Metakommunikation
spräche,[42] kann nicht wirklich an dieser Stelle angewendet werden, ist doch gerade nicht die
Wissensbasis ein Merkmal von Intelligenz, denn eine Datenbank für sich gesehen ist nicht
intelligent sondern erst deren Verarbeitung.

Als Beispiel dienen an dieser Stelle zwei Gesprächspartner, die sich über das Wetter
unterhalten, was als ebenso metakommunikativ gelten kann, wobei oben erwähnte Polemik
hier wiederholt wird: Verstehen Gehirnzellen auf synaptischer Ebene einen Sprechakt, oder
haben diese nur den Status von 0 oder 1, von an oder aus, von verbunden oder nicht verbunden? Ein weiteres Beispiel, welches für die Existenz künstlicher Intelligenz durch die
mechanische Verarbeitung von Input und Output spricht, sind sogenannte Emulatoren, die

---

[40]   Insbesondere die Beispiele vom Turingtest und dem Chinesisches Zimmer zeigen, wie kontrovers diskutiert wird.

[41]   Vergl. Weizenbaum: *ELIZA*. www.

[42]   Vergl. Maren Arnhold: *TESMIK*. www

z.B. einen hochleistungsfähigen Quantencomputer auf einem weniger leistungsfähigen handelsüblichen Computer im Internet simulieren und damit den inhärenten Beweis antreten können, daß es künstliche Intelligenz nach Turing dennoch gibt.[43]

Ein weiterer Schritt vom Menschen *sub speciae machinae* zum Geist sub speciae machinae ist die Integration von Technik in den Alltagsbereich der Menschen, was eine Art Verkapselung von Technik zur Folge hat. Der Nutzer erkennt Technik nicht mehr als solche, sondern verschmilzt mehr und mehr in der Nutzung mit dieser. Auf die Verkapselung von Technik soll im folgenden Abschnitt zu den Cyborgs noch näher eingegangen werden. Um einen Vergleich zu treffen: dies könnte analog zu den spanischen Reitern gesehen werden, welche von den Ureinwohnern Amerikas als Menschen besonderen Typus gesehen wurden, verschmolzen doch der Reiter mit seinem Pferd zu einem Lebewesen in den Augen der Ureinwohner. Auch in den Augen der Reiter selbst besteht diese Art von Verschmelzung, denn erst die Zusammenarbeit von Pferd und Reiter in der letzten Vollendung bringt schließlich die gewünschte Harmonie. In unserer Epoche wurden die Pferde gegen Maschinen eingetauscht, die Verbindung besteht jedoch nach wie vor, wenn auch als Verbindung zu einer Maschine und nicht zu einem lebendigen Wesen.

---

[43]   Vergl. Heise News: *Simulierter Quantencomputer.* www.

### 3.1.1.2   Cyborgs und Cyberpunks

> *„It might be the height of techno-*
> *logical folly to consider the body*
> *obsolete, yet it might be the highest*
> *of human realizations"- Stelarc*[44]

Vielleicht ist es nicht gerade zufällig, daß Gibson immer wieder das Verschwinden der Pferde in seiner Welt des Sprawls erwähnt. Wie schon im letzten Abschnitt erwähnt, waren auch die Reiter der Konquistadoren ein Beispiel für eine Symbiose, damals zwischen Mensch und Tier. Mehr noch, Gibson liefert gute Beispiele für den Ersatz einer Mensch-Tier-Symbiose, wobei es nicht nur Mensch-Maschinen-Symbiosen gibt, sondern auch inter-essanterweise auch   Mensch-Mensch-Symbiosen per Maschine, die durch Verschmelzung zweier Individuen zum „Multividuum" mutieren. Deshalb ist es an dieser Stelle möglich, das Cyborgkonzept zu hinterfragen, einmal abgesehen davon, daß Cyborg dem Wort ky-bernetischer Organismus entstammt und zuerst in einem militärischen Kontext gebraucht wurde. Es interessiert, welche verschiedenen Konzepte für Cyborgs gesellschaftlich rele-vant sind, was die Möglichkeiten der Cyborgisierung sind.

Die wohl wichtigste kulturtheoretische Beschreibung der Cyborgs stammen nach wie vor von Donna Haraway, darin scheinen sämtliche Hinweise in der Literatur[45] übereinzu-stimmen. Jedoch bemängelt Andrew Arsham in seinem Essay die überwiegende Politiklas-tigkeit ihrer Theorie und kritisiert die fehlende historische Blickweise der Postmodernisten, „they lack a certain historical awareness. [...] anything before the twentieth century is posi-tively ancient."[46] Aus diesem Grund stellt er sein Konzept vor und fragt, ob der Cyborg wohl als Trickster[47] zu sehen sei:

> „The fact of the matter is that the cyborg has a well-established and quite old literary pro-
> genitor, who has existed on every continent, in almost every mythological pantheon: the
> trickster figure, whose cultural and metaphorical resemblance to our postmodern cyborgs is
> striking and bears some scrutiny."[48]

Arsham begründet sein Argument damit, daß er einen Katalog von Trickstereigenschaften mit denen der Cyborgs vergleicht und feststellt, daß diese sich gleichen würden. So sind

---

[44]   Zit. nach Arsham: *Cyborg as Trickster.* www.

[45]   z.B. Castells, 2001. Herman and Swiss (Hg.), 2000. David Bell, 2001. Jones (Hg.), 1998.

[46]   Arsham: *Trickster.* www.

[47]   Trickster. Gestalt aus Mythologie, Sagen oder Märchen verschiedener Kulturen. So können sowohl die deutschen Figuren Til Eulenspiegel und  Pumphut als Trickster gelten, die brasilianischen Exu, als auch die indianischen Ko-yoten-, Raben- oder Spinnenfiguren.

[48]   Arsham: *Trickster.* www.

u.a. die Ambiguität der Persönlichkeit, das Spielen von Streichen, die Möglichkeiten der Gestaltveränderung und der Situationsumkehrung, Eigenschaften eines Imitators Gottes oder dessen Sendbote, eines Identitätsbastlers.[49] In diesem Sinne sind auch die Figuren in Gibsons Romanen Trickster, beginnend mit Count Zero, aber auch den *Geistern* in der Matrix, den Loa. Wenn bedacht wird, daß der Film *Matrix* sich nicht nur verbal in der Gibsonwelt bedient, dann ist auch die Figur Neos in einem ganz anderen Licht zu sehen. In der *Matrix* ist Neo der Trickster.

Bereits angerissen wurde die Theorie Donna Haraways, die argumentiert, daß der moderne urbane Mensch ein Cyborg sei:

> „By the late twentieth century, our time, mythic time, we are all chimeras, theorized and fabricated hybrids of machine and organism. In short we are all cyborgs."[50]

Also sieht Haraway den urbanen Menschen durch die Nutzung von Technologie (Fernsehen, Computer, Autos, etc.), durch die Verfügbarkeit moderner Medizin (Transplantate, Implantate, Tätowierungen, Hörgeräte, Prothesen, chirurgische Roboter etc.) als Cyborg. Sie fixiert dessen Bedeutung in folgenden Punkten. Für Cyborgs gilt:

> „technology is not some 'other' to be feared and dominated, but one aspect of 'self'."[51]

Deshalb träumten sie auch nicht von der Rückkehr in in den Garten Eden. Cyborgs seien nicht aus Lehm und fürchteten sich deshalb auch nicht, zu Staub zu zerfallen. Das Subversive, dessen Quelle im illegitimen Status der Nachkommenschaft der Cyborgs von Militarismus und patriarchalischem Kapitalismus läge,[52] ist das wichtigste Element des Cyborg. Seine Macht das System zu unterwandern, „to subvert the apocalypse of returning to nuclear dust in the manic compulsion to name the enemy"[53] liegt in seiner Emanzipation von der Dualität zwischen Natur und Technologie. Jedoch liegt seine Macht auch in seiner Möglichkeit die Identität zu ändern, sein Gender neu zu bestimmen, was wiederum eine der herausragenden Trickstereigenschaften ist. Deshalb

wahrscheinlich der Aufschrei eines BBSers[54]:

---

[49]   Arsham: *Trickster*. www.

[50]   Haraway: *Manifesto*. www.

[51]   Haraway. Zit. nach Arsham: *Trickster*. www.

[52]   „The main trouble with Cyborgs, of course, is that they are the illegitimate offspring to militarism and patriarchal capitalism, not to mention state socialism. But illegitimate offspring are often exceedingly unfaithful with their origin. Their fathers, after all, are inessential." Haraway: *Manifesto*. www.

[53]   Haraway: *Manifesto*. www.

„I am trapped in this worthless lump of flesh!"[55]

Die immer fortwährende Behandlung des subversiven Elements in Cyberpunkfilmen ist eine Reaktion darauf. In Filmen, wie *The Matrix*, aber auch *The Lawnmower Man* oder *Virtuosity* wenden sich Cyborgs gegen ihre Schöpfer, die unreif in ihrer Schöpferrolle versagen.

Eine Antidote zum Haraway'schen Cyborg, bildet z.B. der Star Trek Borg, dessen Maschinen-Mensch-Symbiose nicht subversiv im Sinne Haraways ist. Das Gegenteil ist der Fall, nicht subversiv sondern konsequent angepaßt an das System, beinhaltet die Borgspecies alles Abscheuliche und Fürchtenswerte versammelt in einer Art. Nicht als Trickster sondern als Dämonen treten die Borg in Erscheinung und illustrieren die Möglichkeiten der maschinellen Bedrohungen. Schon der Name der Gesellschaftsform *Kollektiv* weißt auf den Technokommunismus (oder -faschismus?) der Borg hin. Während das Hauptmerkmal des Haraway-Cyborg Noise ist, Unruhe oder Fehler im Programmcode als Merkmale des Individuellen, ist der Star-Trek-Borg eine Species ohne Reibung und ohne Fehler.[56]

Andrew Arsham bringt das Problem der Cyborg-Borg-Cyberpunk-Ambivalenz auf den Punkt, indem er die Zweideutigkeit von Technologie in der Cyborgliteratur mit ihren Möglichkeiten und Konsequenzen anschaulich darstellt:

> „Cyborg fiction is concerned with the dilemmas presented by life in a technological world. [...] Yes, your computer can run a nuclear war much better than you could, but what if the computer malfunctions or worse gets mad at you?"[57]

Ein weiteres Problem, welches bei der Verschmelzung von *Fleisch* mit Technologie auftritt, ist das Problem der Entkörperung, für die der Mensch noch nicht bereit zu sein scheint. Das Gelingen des Eintauchens in den Cyberspace und das Erreichen der Verschmelzung mit der Maschine kann nur gelingen, wenn das biologische Individuum seine Biologie unterdrücken kann. Jedoch ist die persönliche Identität viel zu sehr mit dem

---

[54] BBS bedeutet Black Board System und ist ein Server, auf dem sich Menschen einloggen können, um Nachrichten zu hinterlassen. Ein BBS ist auch vergleichbar mit einem MUD (Multi User Dungeon).

[55] BBSer. Zit. nach Bell: *Cybercultures.* S. 140.

[56] "Noise – primary tool of the cyborg" / noise as part of the struggle against perfect code / if the concept of cyborg has two faces: "one is Harraway's in which differences exist but in a perpetual state of transition, a radial heteroglossia between and within any given identities" / the other face would be that of a Star Trek Borg, a creation with such a radical sense of difference from romantic individualism that has to be slowly transformed into a collection of romantic individuals manipulated by a single sinister villain / while Harraway's Cyborg challenges normal conceptions of humanity and military order by providing permanently partial identities and contradictory standpoints" Star Treks Borg creates a seamless noise that wipes out identity and individuality necessary for a dominant ideology of capitalism, free will and progress / In the advertisement not only is music the focus but it is purchased without any hassle, any "noise" the space between desire and consumption is erased. vergl. Haraway: *Manifesto.* www.

[57] Arsham: *Trickster.* www.

Fleisch verbunden, als das dies wirklich gelingen kann, was das folgende Beispiel, welches zugegeben schon sehr polemisch ist, verdeutlicht.

> „While an individual may successfully pretend to be a different gender or age on the interne, she or he will alway have to return to the embodied reality of the empty stomach, [...] neatly summed up by Margaret Morse's question, 'What do cyborgs eat?'"[58]

Bedenkend, daß sprichwörtlich gilt, man ist was man ißt, ist dies wirklich ein Beispiel für die Ambivalenz von Identität im Cyberraum und in der Cybergesellschaft, die Thema des nächsten Kapitels sein soll.

### 3.1.2   Identität und Transzendenz im Cyberraum und in Cybergesellschaft

*..Im Anfang war das Wort,*
*und das Wort war bei Gott,*
*und Gott war das Wort.*
*[...]*
*und das Wort ward Fleisch."*
*Johannes 1,1-14*

Nicht umsonst sei das Bibelzitat diesem Abschnitt vorangestellt, denn oft zeigt die literarische Verarbeitung des Sujets religiöse Züge. So zieht sich ein in die Matrix transzendierter Voodookult in Gibsons Sprawlromanen quer durch sämtliche Kapitel. Und auch das Orakel aus dem Film *Matrix,* welcher der Welt der Gibsonromane nachempfunden wurde, ist den Gibson-Romanen entnommen. Hier wie dort ist es eine Form künstlicher Intelligenz. Am wichtigsten aber, so scheint es, ist in dem aktuellen Kontext die Verbindung von Wort und Fleisch zu sehen, als hätte der Evangelist die Bedeutung beider schon vorausgesehen. Im Grunde genommen ist Cyberspace analog mit „Wort" zu betrachten, hier natürlich das spezielle Wort des Programmcodes. In der christlichen Mythologie wird das Wort zu Fleisch und in William Gibsons Welt setzt ein umgekehrter Prozeß ein, nämlich das Verlassen des Körpers, der Versuch die Grenzen des Fleisches hinter sich zu lassen. Wenn noch zusätzlich beachtet wird, daß laut der *Schrift* das „Wort" Gott ist, dann kann dies nur heißen, daß der in den Cyberspace transzendierte Mensch sich vergöttlicht, oder zumindest dies den Versuch des Menschen der Vergöttlichung darstellt. Insofern ist Herman und Sloop zuzustimmen, die das Beispiel der Heaven's Gate Sekte in eben diesem Zusammenhang betrachten. Somit ist nicht nur in der literarischen Welt Gibsons das Religiöse anzutreffen. Als die Mitglieder der Sekte Selbstmord begingen, war dies ein religiöser

---

[58]  Lupton. zit. nach David Bell. *Cybercultures.* S. 141.
   Der Film Matrix kehrt diese Frage um: Dort ist das Essen in der realen Welt schon zu real, d.h. es dient wirklich nur der Nahrungsaufnahme. Die Matrix selber versorgt den Probanden mit ihrer Vorstellung von Realität, was Cypher fragen läßt, was eigentlich realer ist, die grimme Wirklichkeit oder die Matrix.

Akt mit dem Ziel der Transzendenz.[59] Sie verbanden ihre religiöse Nachricht nicht nur mit dem Internet, sondern sicherten auch ihr Einkommen durch eine Webdesignfirma.[60] Zusammen betrachtet war dies ein Grund für das *Time* Magazin: „[to] ask the question, 'Is the Net somehow to blame?'[61] Abgesehen davon gleicht der Versuch dieser Sekte, ihre Website aktiviert zu lassen, jenem Versuch von Count Zero ak'a Bobby Newmark aus Gibsons Romanen Unsterblichkeit durch Verlassen des Körpers zu erlangen.[62]

Das Beispiel dieser Sekte verdeutlicht jedoch eines genau, daß die Entkörperung nicht ohne Opfer vor sich gehen kann. Wer intensiv mit dem Computer arbeitet, kennt sicherlich das Problem des Datenverlustes beim Vorgang des *Auschneidens* und *Einfügens*[63]. Ein Fehler in einem bekannten Betriebssystem verhinderte, daß Dateien nur dann geschrieben werden konnten, wenn nicht bereits eine Datei gleichen Namens am Ziel vorlag. Wurden die Dateien nur kopiert, kam es zu keinem Verlust, denn die Originale waren ja noch vorhanden. Sollten die Dateien jedoch verschoben werden, war der Datenverlust perfekt, denn die gleichnamige Datei mußte ja nicht unbedingt gleichen Inhalts sein. Bezogen auf die Überführung des Geistes in die Matrix, was ja das Ziel Bobby Newmarks ist, läßt die Beschreibung seines Zustandes die Zweifelhaftigkeit seiner Bemühungen deutlich werden:

> „Und Bobby ist weder das Bild des Elends vor ihr, das da in Alu und Nylon gefesselt liegt mit angetrockneter Kotze am Kinn, noch das aufgeweckte vertraute Gesicht, das ihr auf dem Monitor auf Gentrys Datenbank entgegenschaut. Ist Bobby der viereckige Massenspeicher, der auf der Bahre steckt?"[64]

Somit ist dies keine Vergöttlichung, sondern Bobby schwebt zwischen den Welten, zwischen der Realität, einerseits und dem Cyberspace andererseits. Es ist jedoch nicht mehr möglich festzustellen, wer wirklich Bobby ist, genau wie der Zustand einer Datei, die zwischen Ausschneidung und Speicherung nur im RAM[65] vorliegt und möglicherweise verloren gehen kann:

---

[59] „to suicidally perform the 'final act of metamorphosis or separation from the human kingdom,' which was to 'disconnect' the soul from the 'human physical body or container' a mere vehicular vessel for movement on Earth" Herman, Sloop: *Red Alert!* S. 77.

[60] Denn das Internet wird auch in dieser Arbeit als Art des Cyberspace angesehen.

[61] Herman, Sloop: *Red Alert!* S. 78.

[62] Gibson: *Biochips (Count Zero).* und . *Mona Lisa.*

[63] Ausschneiden und Einfügen. Auch bekannt unter *Cut'n Paste.*

[64] Gibson: *Mona Lisa.* S. 313.

[65] Read Access Memory: der Arbeitsspeicher, welcher nur temporär Daten halten kann.

„Wie Narziß in den Teich, der sein Abbild nur gebrochen wiedergibt, blicken sie in den Raum hinter dem Monitor und sehen nur ihr eigenes Spiegelbild auf dessen Oberfläche zurückgrinsen. Der Identitätsverlust droht. [...] Die Angst vor der totalen Auflösung des Menschen in die reine Maschinenstruktur [...] hat die Menschen von heute längst in den Bann jener Technik geschlagen, [...] Doch was bleibt, wenn die Gleichung Mensch = Maschine aufgegangen ist? Sie erweist sich als null und nichtig, weil die materielle Komponente des Seins, die Körperhaftigkeit des Menschen, notwendige Voraussetzung für Identität ist."[66]

In diesem Kontext steht auch das *Visible Human Project* VHP[67], mit dem „Visible Man" und der „Visible Woman", auch bekannt als virtuelles Adam- und Evapaar. Im selbigen Projekt erhält der Begriff Cyborgisierung eine völlig neue Dimension, denn

„their arrival in cyberspace" has [...] coincided with a slew of Hollywood 'cyberthrillers' addressing questions of virtual bodies and identities. [...] The VHP in fact seems to confer factual realization on what had been considered merely science fiction."[68]

Es ist aber nicht nur die Verbindung von Realität mit Science Fiction, die das VHP für die Zwecke dieser Arbeit aufschlußreich erscheinen läßt, denn es stellt automatisch die Frage nach der Identität und dem Status dieser digitalisierten Körper, die auch Catherine Waldby interessiert:

„ As virtual apparitions of dead bod, the VHP figures seem possessed of disconcerting presence and highly uncertain status. These corpses were dismembered, their flesh effectively destroyed in the process of imaging, yet they reappear as recomposed, intact an re-animated bodies in virtual space, 'copied' into the eternal medium of data. They are consequently difficult to locate within any proper distinction between the living and the dead."[69]

Obwohl davon auszugehen ist, daß im Grunde nur das reale Fleisch in das digitale transferiert wird und nicht im eigentlichen Sinne eine Transzendenz auftritt,[70] ist es möglich den Faden im Sinne Waldbys weiterzuspinnen. Welchen Status würden die Körper erhalten, wenn es nicht nur auf der Ebene des menschlichen Blickes möglich wäre, die Leichen digital wiederzubeleben, sondern auf der Zellebene, ja vielleicht sogar auf der Molekularebene? Auch wenn dieses natürlich nur eine theoretische Überlegung bleiben

---

[66]  Nagula: *Nullstelle.* 359.

[67]  Das Visible Human Project VHP. Es wurde von der US National Library of Medicine gegründet, entstand aus dem Verlangen heraus, ein digitales Archiv des menschlichen Körpers entstehen zu lassen. Zu diesem Zweck wurden die Leichen von Joseph Paul Jernigan und einer anonymen Frau aus Maryland eingefroren und deren Querschnitt Stück für Stück digitalisiert, so daß die Körper aus der fleischlichen Realität in die des Programmcodes überwechselten.

[68]  Waldby. zit. nach Bell: *Cybercultures.* S. 159.

[69]  Waldby. Zit. nach Bell: *Cybercultures.* S. 159.

[70]  obwohl wirken dabei die grafischen Reanimationen merkwürdig kalt und zombiehaft.

kann, technologisch wird dieses wohl kaum in den nächsten Jahrhunderten zu meistern sein, wären die Körper dann, um es mit Waldbys Worten zu sagen „kinds of still life" oder aber „still kinds of life"?[71]

Erhellend ist aber auch der Fakt, daß im selben Zeitraum der Film *Virtuosity* der Öffentlichkeit vorgestellt wird, in welchem sich mit dieser Frage auseinandergesetzt wird. Inwiefern wären der Texaner Jernigan und die Frau in der Lage ihr Leben weiterzuleben. Was geschähe, kehrten diese wieder in das reale Leben zurück, wie es mit einer digitalen Existenz im Film passierte. Wären sie immer noch Jernigan und die Hausfrau aus Maryland?

Diese Art der Reflektivität wird desgleichen in *The Matrix* anschaulich gemacht, wer sich in der *Matrix* befindet, kann sich seines „Selbst" nicht sicher sein, sondern ganz im Gegenteil, das „Selbst" kann jederzeit durch eine Kopie eines Agenten ersetzt werden, der wenn er getötet ist, auch seinen Wirt mit in den Tod reißt. An dieser Stelle wird die im Falle des VHP gestellte Frage nach der Identität umgekehrt, denn die Individuen in der Matrix sind ganz sicher transzendiert, existieren aber in beiden Welten weiter, als Batterie in der realen Welt und deren Geist in der Matrix.

## 3.2  Reflektionen auf Realitätsfragen

In allen Filmen, die sich auf die eine oder andere Art mit dem Internet oder der virtuellen Realität beschäftigen, ist der Konflikt mit der Realität vorherrschend. Dabei wird das Motiv der virtuellen Realität auf unterschiedlichste Weise, von verschiedenen Seiten beleuchtet. Die Auswirkung auf den Geisteszustand des Menschen scheint an dieser Stelle am wichtigsten zu sein. Kann virtuelle Realität den Erfahrungsreichtum des Menschen erweitern, ist deshalb die Frage, die z.B. in Cronenbergs *eXistenZ* nicht zum ersten Male durch den Regisseur gefragt wird, oder treibt sie in den Wahnsinn, oder läßt virtuelle Realität den Geist in das Niemandsland zwischen Sein und Nichtsein fallen.

Weiterhin wird aber auch die Frage nach einer Möglichkeit der Existenz von virtueller Realität hinterfragt. Denn ab wann ist es möglich, festzustellen, daß man sich in einer virtuellen Realität befindet? Realität ist doch immer real! Auch dieses Problem schildert Gibson anschaulich:

> „The sinister thing about a simstim construct [...] was that it carried the suggestion that any environment might be unreal, that the shopfronts [...] might be figments. Mirrors, someone had once said were in some way unwholesome; constructs were mere so, she decided"[72]

---

[71]  Vergl. Bell: *Cybercultures*. S. 159.

[72]  Gibson: *Count Zero*. S. 159.

Aber nicht nur Gibson schildert dies treffend, sondern auch die Filme *Matrix*, *eXistenZ*, oder, *Solaris* versuchen eine treffende Illustration, denn gerade das Problem der verschwimmenden Grenzen zwischen Wirklichkeit, Simulation oder Illusion bietet immense Möglichkeiten für eine vielschichtige und kurzweilige Handlung. Wenn dabei die Gegenüberstellung der Begriffe *virtuelle Realität vs. reelle Realität* hilflos klingt, ist dies sicherlich in diesem Kontext keine falsche Wahrnehmung.[73]

Drittens wird die Frage der Verantwortung der Schöpfer der virtuellen Realitäten wiederholt. Besonders im Film *13th Floor*, aber auch in allen anderen Filmen ist dies auffällig. So wird die Frage gestellt, ab wann ein programmtechnisches Konstrukt menschlich ist und man nicht mehr einfach „den Stecker ziehen" kann. In dieser Hinsicht ist auch die These, die im Film *Matrix* aufgestellt ist, zu verstehen. Eine perfekte Welt muß nicht unbedingt besser funktionieren, als das was gemeinhin im Film unter Realität verstanden wird.

Im vorherigen Abschnitt wurde bereits über das Problem der Identität gesprochen, u.a. auch über das Problem der Identitätsverschiebung, denn eine Frage der virtuellen Realität ist auch die der Identität in dieser. In der öffentlichen Meinung, welche u.a. von den Filmrezipienten geprägt wird, ist es generell üblich virtuelle Realität mit Identitätsverlust gleichzusetzen. Nicht nur daß das Problem so verstanden wird, wie im vorherigen Kapitel behandelt, daß die Identität mit dem Körper verbunden sei, sondern daß mit diesem Standpunkt der Willen zum Übergang in eine parallele Realität als nicht legitim gilt. Zur Frage der Existenz virtueller Realitäten zurückkehrend, wird auch die Funktionsweise von parallelen Welten hinterfragt. So gibt es meist zwei Ansätze, entweder virtuelle Realität ist als Pixelwelt auch als solche erkennbar und befolgt damit den Grundsatz, das reelle Realität etwas ist, was nicht verschwinden will, etwas was abhängig vom menschlichen Körper ist. Der zweite Ansatz geht vom Gegenteil aus. Virtuelle Realität soll die Wirklichkeit abbilden und somit ein Spiel mit der Wahrnehmung der Filmhelden, aber auch der Filmrezi-

---

[73]  Vielleicht läßt sich die Problematik der Abgrenzung der Realitäten untereinander am Besten mit einem Beispiel aus der Quantenmechanik anschaulich darstellen, dem Gedankenkonstrukt über das Gedankenexperiment *Schrödingers Katze*: Eine Katze in einer Box zusammen mit einer Kapsel tödlichen Gases und einem Atom, welches zwei Zustände annehmen kann: Ist der Zustand=1, dann überlebt die Katze, ist der Zustand = 2, stirbt die Katze. Man kann jedoch das Ergebnis nicht kontrollieren, weil das den Zustand des Systems verändern würde, man kann nur hypothetisch annehmen, welchen Zustand die Katze haben wird. *Schrödingers Katze* ist ein beliebtes Beispiel um ein Phänomen anschaulich darzustellen, das in der Quantenmechanik als „Überlagerung von Zuständen" bekannt ist. Und zwar wird bei diesem Gedankenexperiment1 eine Katze in eine undurchsichtige Kiste gesteckt, zusammen mit einer Apparatur, die, gesteuert durch radioaktiven Zerfall, die Katze innerhalb von einer Stunde mit einer Wahrscheinlichkeit von 50% tötet. Die Frage ist nun, in welchem Zustand sich die Katze nach einer gewissen Zeit befindet, wenn man nicht in die Kiste hineinschaut - analog zur Frage nach dem quantenmechanischen Zustand eines Systems, solange man keine Messung an ihm vornimmt. Als Antwort auf diese Frage wird gegeben, daß die Katze sowohl gleichzeitig lebendig als auch tot ist. Erst wenn man die Kiste öffnet, manifestiert sich der Zustand in einer 100% lebendigen oder 100% toten Katze.

pienten betreibt. Eine Alternative zu beiden Ansätzen ist die Darstellung der virtuellen Realität als Kunst, die die Welt mit verschiedenen Mitteln abzubilden versucht.

## 3.3   Das Internet

Die Mitte der neunziger Jahre bilden den Beginn der Entwicklung eines Mediums, welches gerade 25 Jahre alt geworden, die Art und Weise der Kommunikation und der Denkweise über Kommunikation zwischen Menschen weltweit verändern soll.[74] Gegen Ende des Jahres 1995 sind das weiße Haus und der US-Senat online zu erreichen, die ersten Suchmaschinen durchkämmen das Internet, ein Online Bankräuber wird entdeckt, Online Geschäfte bieten ihre Dienste an, Pizza kann über das Internet bestellt werden: In der Substanz besteht das neue Medium aus dem, was Jonathan Sterne 1999 als „the fabric of social and cultural life"[75] bezeichnen wird.

### 3.3.1  Cyberspace Internet

Das Internet wird als eine Möglichkeit des Cyberspaces betrachtet, denn sowohl technisch als auch inhaltlich scheinen mehrere Gründe für diesen Vergleich zu sprechen. Technisch tritt die Maschine, wie weiter oben im Abschnitt für künstliche Intelligenz bereits beschrieben, in den Hintergrund, sie verkapselt sich, ihre Funktionsweise wird für den Nutzer unsichtbar und untechnisch, gleich einem Auto, dessen Maschinerie für den Nutzer-Fahrer nur dann interessant wird, wenn ein Defekt auftritt.[76] Ganz im Sinne Donna Harraway's, welche den Menschen bereits in der Zeit vor dem Internet als Chimäre ansah[77], verbindet sich der Nutzer mittels *Interface*[78]. Die Interfaces sind z.B. der Bildschirm, der sich zu einem Raum erweitert, in welchen der Nutzer mit seinen Augen eindringt.[79] Dabei ist die allgegenwärtige Metapher der Fenster *(Windows)*[80] hilfreich, durch welche der Raum erblickt werden kann, der durch die Interaktion von Maschine und  Nutzer entstanden ist.

---

[74]   Die Entwicklung geht dergestalt schnell voran, daß 1996 verschiedene Serviceprovider ihre Dienste bis zu 28 Stunden unterbrechen müssen, weil sie die ansteigende Masse der Kunden nicht mehr verwalten können. Vergl. Kaul. *Geschichte*. www.

[75]   Jonathan Sterne: *Internet*. S. 9.

[76]   So sieht das auch Sean Cubitt in Digital Aesthetics. Er argumentiert, daß die Maschinen selber in den Hintergrund träten, daß die Netzwerke das Gefühl eliminierten, daß jedes Terminal eine einzelne Maschine sei. Stattdessen werde der Nutzer durch das Interface eingeladen, die Gesamtheit der Terminals zu betrachten, wobei die Hardware durch Icons immer virtueller werde. Vergl. Cubitt: *Digital Aesthetics*. S. 83.

[77]   Vergl. Kapitel 3.1.1.2

[78]   Interface. Schnittstelle zwischen Technik und Nutzer. Interessante Metapher die bereits auf das cyborgische Verhältnis zwischen Mensch und Maschine hinweist. Wörtlich heißt es: *Zwischen Gesichtern*. Ergo hat die Maschine ebenso ein Gesicht, ist also ein gleichberechtigter Partner.

[79]   Vergl. Gibson: *Neuromancer*. S. 76.

[80]   Windows gibt es ja nicht nur im gleichnamigen Betriebssystem, sondern wurden bereits vor MS Windows bei Apple MacIntosh für den gleichen Nutzen erdacht. Sämtliche Linuxdesktops setzen auf die selbe Idee auf. Vergl. Sherry Turkle: *What are we thinking*. S. 547.

Gleichzeitig ermöglicht die Maus diese Interaktion, die sich nicht nur als Erweiterung der Maschine erweist, sondern auch als Verlängerung des Arms und des Zeigefingers dient und so zur Verschmelzung des Nutzers mit der Maschine beiträgt.[81] Interessanterweise fällt Cubitt dabei auf, daß der Nutzer durch die Technik des Zeigers sich bereits in einem virtuellem Raum befindet, indem der Zeiger zur Hand wird, Objekte auf dem Bildschirm ergriffen werden können, etc.

Auch inhaltlich dringt der Cyberspace Internet in jeden Aspekt des Lebens ein, sozusagen den *Lebensstoff* bildend, von welchem bereits Sterne sprach. Diese Virtualität des Cyberspace wird dabei unterstützend von der bereits besprochenen Technik durch Videospiele, durch elektronische Briefe, durch Webportale und MUD-Gemeinschaften, durch virtuelles Leben, durch virtuelle Hardware erzeugt und läßt so eine Spielart von Cyberspace entstehen. Videospiele sind in dieser Hinsicht „virtual flight simulators" mit welchen es möglich sei durch den gibsonianischen Cyberspace zu fliegen[82]. Dabei sind sie nicht nur ein passives Transportmittel durch Letzteren, sondern sie stellen u.a. auch die Virtuellen Gegner des Spielers, künstliche Intelligenzen, gegen welche anzutreten allzuoft auch fast aussichtslos ob ihrer programmierten Kleverness scheint. Andere Spiele sind schon fast dem *wirklichem Leben* entnommen, die außerordentlich große Verbreitung von Tamagotchis und anderen Cyberpets scheint das zu bestätigen. Doch nicht nur virtuelle Kuscheltiere formen den Bestand des virtuellen Zoos. Kleine Softwarebestandteile, sich selbständig replizierend, sind die ersten Formen künstlichen Lebens, zumindest in den Augen ihrer Schöpfer. Dabei zielt die Begrifflichkeit der Viren nicht nur auf die Replizierbarkeit dieser Softwarewesen hin, sondern auch auf die Implikation, daß Software erkranken kann.[83]

Viel markanter aber noch als die genannten Beispiele zeigt eine Weiterentwicklung des HTML durch den Programmierer Mark Pesce, die Erfindung von VRML auf, für welche Entwicklungsrichtung das Internet gedacht wird. Das 3D Börsenparkett des NYSE oder andere sogenannte „Fly Through interfaces" sind direkt zu vergleichen mit der Erfahrung der „Simstims" aus Gibsons Romanen. Eine andere, vielleicht nicht so anschauliche, aber ebenso bereits realisierte Vision ist die der Virtualisierung von Rechenkraft. Im Rahmen einiger naturwissenschaftlicher Projekte, deren Rechenbedarf die Kapazität eines jeden Computers heutiger Entwicklung überforderte oder sich wirtschaftlich nicht für einen

---

[81]   Vergl. Cubitt: *Digital Aesthetics.* S. 88.
[82]   Vergl. Rushkoff. Zit. nach David Bell: *Cybercultures.* S. 44.
[83]   Vergl. Bell: *Cybercultures.* S. 54.

Supercomputer rentierte, bilden tausende Bildschirmschoner zusammengesetzt durch das Internet durch D*istributed Computing*[84] einen virtuellen Computer, der die brachliegende Rechenkraft eines pausierenden Netzwerkcomputers für wissenschaftliche Zwecke ausnutzt.

Im Rahmen dieser Entwicklung wurde schon oft vom Ende der Geographie gesprochen, vom „Death of Distance" wie es Frances Cairncross u.a. ausdrückte. Jedoch funktioniert diese Bezeichnung, welche unter dem Eindruck vom „technological sublime"[85] gefunden wurde nicht ganz, denn erstens bringt diese Art zu denken neue Probleme mit sich:

> „Taken in by this frothy sublime, the death of distance advocates have missed significant characteristics of communication that call for a modification of its meaning. Assuming that overcoming distance improves communication, supporters miss the equal tendency of more communication to increase dissonance and intensify conflict."[86]

Zweitens mag die Distanz zwischen zwei Kommunikationspartnern geschrumpft sein, mag deren Aufenthaltsort relativ egal sein, denn im Sinne des oben genannten Cyberspaces bildet das Internet einen virtuellen mehrdimensionalen Raum. Dieser läßt die Geographie im herkömmlichen Sinne hinter sich, entwirft dennoch eine neue Art von Geographie. So erfordert die Hardware eine Art Infrastruktur, die es für die Kommunikationsteilnehmer erheblich macht, an welchem Ort sie sich gerade aufhalten. Außerdem ist der von Gibson beschriebene und durch das Internet wirklich gewordene Raum, dessen angebliches Chaos durch IP-Nummern und zugehörige Domainnamen geordnet ist, eng geworden. IP-Nummern und Domainnamen sind nicht unbegrenzt zu vergeben, weshalb auch im Internet für die herkömmliche Geographie typische Konflikte[87] auftreten können.

### 3.3.2   Die Ethik des Internets im Spannungsfeld zwischen Utopien und Dystopien

Bereits im Kapitel über Cyberspace wurde über verschiedene Reflektionen, über Utopien und Dystopien gesprochen, weshalb auch an dieser Stelle ein Überblick über die wichtigs-

---

[84]   Distributed Computing (Verteiltes Rechnen). „Verteiltes Rechnen (engl. Distributed Computing) ist eine Technik der Anwendungsprogrammierung, bei der eine Applikation nicht nur auf verschiedene Prozesse aufgeteilt, wird, sondern auch auf verschiedene Rechner. [...] Dazu stellt jemand - oft auf einer Webseite - die Software zur Verfügung, die auf den Clients zur Lösung der speziellen Aufgabe laufen muß. Weiterhin verwaltet er die Aufgaben, die abgearbeitet sind bzw. gerade bearbeitet werden bzw. noch verteilt werden müssen. [... Man] meldet [...] sich an der Webseite an und läßt sich Daten zuteilen, die bearbeitet werden sollen. [...] Nach Ende des Programmlaufes[...] meldet man das Ergebnis an der Webseite zurück. [...]" Wikipedia: *Distributed Computing*. www.

[85]   „'The rhetoric of technological sublime' involves hymns to progress that rise 'like froth on a tide of exuberant self-regard sweeping over all misgivings, problems, and contradictions.'" Marx. Zit. nach Mosco: *Myth and Power*. S. 38.

[86]   Mosco: *Myth and Power*. S. 39.

[87]   z.B.: Verteilungskonflikte: Streitigkeiten über Domainnamen; Verkehrsstau: Networklags; etc.

ten Standpunkte hinsichtlich des Internets als Cyberspace erscheinen soll.   So stellen sich u.a. David Bell, Vincent Mosco oder Micheal Mosco die ewigen postmodernen Fragen, wie Identität entstehe, wodurch sie definiert sei, ob Identität neben Wirklichkeit konstruiert sei. Im Zusammenhang mit der Identitätsfrage interessiert im weiteren der Aspekt der Gemeinschaft. An dieser Stelle wird hinterfragt, wie das Internet Gemeinschaft (Community) konstruiert. Drittens werden Aspekte von Kontrollgewinn und Kontrollverlust im Zusammenhang mit dem Internet und dessen Technologie gegenüber gestellt, denn dies erscheint in allen Hollywoodfilmen als eine der wichtigsten Reflektionen überhaupt.

Am 21. September 2000 legte die *SEC*[88] ihren Fall gegenüber dem 15-jährigen Jonathan Lebed aus New Jersey in einem Vergleich bei, nachdem letzterer durch Aktienmanipulationen im Internet fast 800.000 Dollar Gewinn gemacht hatte. Er pries verschiedene Aktien aus seinem Depot unter verschiedenen *Nicks*[89] an und beeinflußte so ihren Wert. Im gleichen Jahr kollidierte der ebenfalls 15-jährige *LawGuy1975* ak'a Marcus Arnold mit dem Gesetz,  indem er per Internet als Rechtsberater auftrat und damit sogar das juristische Establishment ausstach. In beiden Fällen wurde Michael Lewis klar, daß das Internet doch eine bedeutendere Rolle spielen mußte,  als nach dem Börsenkrach 2000 allgemein angenommen wurde:

> „[...] When Internet stocks began their freefall in February 2000 [...] everyone at once forgot that the omniscient chairman of the U.S Federal Reserve, Alan Greenspan, had said the Internet was changing the economy in ways that even he didn't fully understand. [...] All of the sudden the Internet was just another technology [...] It was nothing more than a fast delivery service for information [...] that was what serious people who had either lost a lot of money, or [...] failed to make money, liked to say now: `All the Internet does is speed up information."[90]

Lewis merkte, daß die Analogie  zwischen Profitpotentialen und sozialen Effekten nicht zu ziehen ist:

> [...] „It was as if some crusty old Baron, who had been blasted out of his castle and
>
> finally was having a look at his first cannon had said: ' All it does is speed up balls – that's all."[91]

---

[88]   SEC. Securities and Exchange Commission

[89]   Nicknames. Namen, die im Internet in Chats, E-Mails und anderen Services als Pseudonym verwendet. werden.

[90]   Lewis: *Next.* S. 13f.

[91]   Lewis: *Next.* S. 13f.

Mit ihrer unbeabsichtigten Beleidigung der sozialen Ordnung[92] bewiesen laut Lewis die zwei Jugendlichen diesen Punkt, indem sie sich selber im Internet erfanden, mit neuen Identitäten spielten und zeigten, wie dünn die Linie zwischen Ansicht und Realität sein kann.[93] In diesem Sinne folgt Lewis dem postmodernen Denken, in dessen Sinne Realität und damit auch Identität nur konstruiert sein kann und zeigt anschaulich, was auch Stuart Hall hinterfragt, der sich wundert, wer überhaupt Identität benötigt und verschiedene Standpunkte zusammenfaßt:

„Who needs identity? [...] The question of identity is vigorously debated in social theory. In essence, the argument is that the old identities which stabilized the social world for so long are in decline, giving rise to new identities."[94]

Neue Identitäten werden nicht nur aus oben benannten Gründen wiederholt aufgegriffen. Vielmehr sind es die vielschichtigen Möglichkeiten des Internets, welche zu faszinieren scheinen. In den zahlreichen Chaträumen ist es möglich den Namen zu ändern. Das Gender spielt eine völlig neue Rolle. So ist es kaum verwunderlich, daß auf der Internetsuche nach „Donna Harraway"[95] die Trefferquote entsprechend hoch ist, schließlich stimmt man weitestgehend in den Möglichkeiten für Emanzipation und dem Ende der Gleichsetzung zwischen Technik und Maskulinität überein und Wendy Harcourts Buch *Women@Internet*[96] ist ein gutes Beispiel für sogenannten Cyberfeminismus, dessen Erkennungszeichen im abgewandelten „Grrrls" liegt.[97] Ein anderes Beispiel für den unbekümmerten Umgang mit Identität sind auch die verschiedenen MUDs.[98] Im MUD Lambda Moo ist es möglich zehn Geschlechter anzunehmen, was zur Folge haben kann:

„Hetäre spielt Homo. Homo spielt Lesbe. Lesbe Hete, Hete Homo, Homo Hetero und so in infinitum. Selbstgeschlechtlichkeit qua basaler Dimension menschlichen Daseins läßt sich via Internet vollständig ins Semiotische aufheben, also in eine textuelle Struktur und/oder einige Icons"[99]

---

[92]  Lewis: *Next*. S. 87.

[93]  Lewis: *Next*. S. 74.

[94]  Hall, Zitiert nach Bell: *Cybercultures*. S. 114.

[95]  Stichwort „Donna Haraway" (als String in Anführungszeichen, weltweite Suche) Treffer Google (Web): 1080; Google (Groups): 52; Alta Vista: 33.400; Webcrawler: 59

[96]  Vergl. Harcourt: *Women@Internet*.

[97]  So gliedert David Bell beispielsweise die Fragen nach Identität in Rasse, Gender, Sexualität, Klasse und Körper. Bell: *Cybercultures*. S. 113-136.

[98]  MUD. Multi User Dungeon: Eine virtuelle Welt in einer Textkonsole, meist als Rollenspiel im klassischen Sinne.

[99]  Müller: *Verdoppelte Realität*. S. 87.

So euphorisch über die Möglichkeiten der Identitätsfindung geschrieben wird, so oft gibt es negative Meinungen über dieses Thema. Im Kapitel über Cyberspace wurde bereits das Thema der Körperlosigkeit und des Identitätsverlustes angesprochen. So interessant der Aufenthalt im Internet ist, so wenig ist es möglich, die gesamte Zeit im Netz zu verbringen. Das Klischee des Nerds[100] zeigt deutlich den Konflikt zwischen Technologie und Biologie, die Körperfunktionen müssen befriedigt werden, der Hunger gestillt, der Durst gelöscht und es muß sich bewegt werden, da ansonsten die *Verfettung* droht. Das Identität ohne Körper nicht funktioniert, beschreibt auch der Film *The Net*, in welchem die Hauptdarstellerin ein so abgeschiedenes geradezu körperloses Leben führt, selbst die Pizza wird im Internet bestellt, daß es möglich wird, ihr die Identität zu stehlen.

Einen Identitätskonflikt anderer Art mußten die genannten Teenager Lebed und Arnold auf eine harte Weise erfahren, als deren virtuelles Ich mit dem hergebrachten realen System kollidierte, obwohl sie nichts für ihr Alter ungewöhnliches taten, mit ihrem realen Ich zu experimentieren. Zusätzlich kommt der Generationskonflikt hinzu. Beider Eltern wußten zwar, daß sie den Computer nutzten. Jedoch begriffen sie nicht, in welcher Weise die Teenager das Gerät nutzten und welcher Art die Folgen sein mußten. Ein weiteres Beispiel für eine Kollision von Normen im reellen Leben und in der Virtuellen Realität ist das Beispiel der Kontaktaufnahme eines MUDders (Barry) im Lambda Moo zu Julia, die sich auffallend nur für Hockey zu interessieren schien, was aber den besagten MUDder nicht davon abhielt, „verzweifelt" Kontakt zu suchen. Doch Julia ist nur ein Agent ohne Identität.[101]

> „This is a continuing thread in my discussion of Julia: players interact with her as if she was another player. Muds blur the distinction between players and 'bots (mud slang for a robot-since a mud simulates a reality, a software-only construct can be as `real' and physical as anything else, hence even a piece of software with no hardware attached `in the real world' can be a `robot' in the simulated world). This is a great strength of both muds and Julia, and the deliberate blurriness of the boundaries both enhances Julia's effectiveness and makes her operation possible."[102]

Wiederholt in Hollywood reflektierte Fragen, sind diejenigen nach dem Enstehen, nach der Bedeutung, nach der Funktion und nach den Auswirkungen von sogenannten Internetcommunities oder Netzgemeinschaften. So werden beispielsweise die Borg aus dem *Star Trek* Universum wiederholt filmisch hinterfragt, es wird am Nutzen der Internetcommunity im

---

[100] Nerd. Andere etwas negative konnotierte Bezeichnung für Hacker, die diese Bezeichnung jedoch bedeutungsverschiebend auf sich in einem positiven Image anwenden.

[101] Hoffmann: *Talk to my Agent.* www.

[102] Vergl. Foner: *Agent.* www.

Film *The Net* gezweifelt und in der *Matrix* versucht eine Hackergemeinde sich aus den
Fängen jener zu befreien. So stellt auch David Bell fest:

> „One of the most prominent and controversial aspects of emerging cybercultures is the
> question of community"[103]

Den Grund der Kontroverse findet Bell in den verschiedenen Standpunkten über „pro-
mises" und „limitations" der „cybercultures", zu welchen auch das Internet zählt. Zu dieser
Debatte gehören viele Schlagworte, um nur einige an dieser Stelle aufzuzählen: Demokra-
tisierung, Netzbürgertum, Informations- und Redefreiheit.[104] Dagegen stehen die Schlüsselwörter der Dystopisten: Globalisierung, Detraditionalisierung, Entwurzelung oder Post-
modernisierung.[105] Barry Wellman und Milena Gulia erscheint diese Debatte ziemlich
abgehoben, in der Art zweier Duellanten, die versuchen sich mit Totschlagargumenten[106]
gegenseitig zu widerlegen. Dabei beruhten die Argumente dieser Lager auf „Anekdoten
und Reisegeschichten".[107] Auch wenn David Bell dem widerspricht, indem er meint, daß
die Beispiele beider Lager zumindest auf einem gewissen Niveau der Recherche fußen.[108]
Die Meinung von Wellman und Gulia bestätigt immerhin einen Teil der These dieser
Arbeit, daß sich der Hauptkonflikt in den Filmen aus Utopien und Dystopien zu-
sammensetzt.

Um den Ursprung dieses Manichäismus verstehen zu können, soll ein kleiner Blick
auf die Entstehung und Struktur von Internetcommunities geworfen werden. Der Soziologe
Ferdinand Tönnies beschreibt Gemeinschaft als etwas persönlich Bindendes, im Gegensatz
zur Gesellschaft, die auf Vernunft beruhe.[109] In dieser Unterscheidung liegt wohl auch die
wichtigste Eigenschaft einer Internetgemeinschaft, denn der Zusammenhalt, wirkt er auch
noch so demokratisch, ist ein zufälliger auf Emotionen bauender Zusammenhalt. Dies ist

---

[103] David Bell: *Cybercultures*. S. 92.

[104] John P. Barlow nutzt das Internet, um eine Art demokratische Grundordnung des Cyberspace Internet zu
gründen, er baut auf eine Art neue Manifest Destiny Bewegung im Internet, indem er diese Bewegung als Elec-
tronic Frontier Foundation nennt und ihr ganz in der Art und Weise der amerikanischen Unabhängigkeitserklärung eine Unabhängigkeitserklärung des Cyberspace deklariert: „Governments of the Industrial World, you wea-
ry giants of flesh and steel, I come from Cyberspace, the new home of Mind. On behalf of the future, I ask you of
the past to leave us alone. You are not welcome among us. You have no sovereignty where we gather. [...]"
Barlow: *Declaration*. www

[105] Vergl. Bell: *Cybercultures*. S. 92.

[106] Täglich ist es möglich im Usenet Debatten nach „Spam vs. Freedom of Speech", „Spam threatens Freedom of
Speech", etc. zu verfolgen. Es ist nur nötig die entsprechenden Reizwörter in die Suchmaschine einzugeben, hier
beispielsweise unter Google (groups) „Spam" „Freedom of Speech"

[107] Vergl. Wellman, Gulia: *Virtual communities*. S. 167f.

[108] Vergl. Bell: *Cybercultures*. S. 92.

[109] Vergl. Schwietring: *Soziologische Grundbegriffe*. www. auch. Wikipedia: *Gemeinschaft*. www.

immer wieder an den seitenlangen *flames*[110] im *Usenet*[111] zu erkennen, wenn versucht wird dieser emotionalen Gemeinschaft starre staatliche Regeln, sei es durch Zensur, aufzuzwingen.

Im Sinne Marshal McLuhans, dessen Botschaft „The medium is the message" lautete, definiert Manuell Castells die Kultur des Internets und besonders die Gemeinschaft des Internets in vier Schichten. Er entwirft eine Struktur, in welcher vier verschiedene Kulturen des Internets miteinander agieren und voneinander abhängig sind. So bilden die technomeritokratische und die Hackerkultur die Grundlage für die Internetgemeinschaften, welche eine soziale Dimension durch die virtuell kommunikative Kultur erhalten. Auf der Oberfläche dieser drei Kulturen befindet sich die Kultur der Entrepreneure, die im hohen Maße von den drei anderen Kulturen abhängig ist, denn Castells behauptet sogar, daß:

> „Without the hacker culture communitarian networks  would be no different from many alternative communes. Similarly without the hacker culture and communitarian values the entrepreneurial culture cannot be characterized"[112]

Auffällig an Castells Beschreibung ist, daß sich der Manichäismus zwischen Utopie  und Dystopie sogar in diesen Kulturen fortsetzt. Während Schlüsseleigenschaften der technomeritokratischen und der Hackerkultur nach eigenen Angaben durch offene demokratische Ziele, z.B. in der Softwareentwicklung, gekennzeichnet sind, möchten die Entrepreneure zeigen, daß genau das Gegenteil der Fall sei. Als Ergebnis dieser Haltung schrieb Bill Gates seinen berühmten Brief an die sogenannten Hobbyists.[113] Mit anderen Worten kann man die Meinungsverschiedenheiten über Definition und Richtung der Entwicklung des Internets auch im Gegensatz zu Tönnies' Gemeinschaft und Gesellschaft sehen.[114]

Eng verflochten mit Identität und Gemeinschaft im Internet und im Cyberspace ist der Gesichtspunkt der Kontrolle. Auf der einen Seite ist zu beobachten, daß die Erlangung

---

[110] To flame, flame wars, Jemanden flamen kommt aus dem Englischen und bedeutet soviel wie zündeln, einen Streit beginnen.

[111] Usenet. Das Usenet ist der Teil des Internets, in welchem sogenannte Newsgruppen Nachrichten an einem virtuellem schwarzem Brett veröffentlichen. Ungefähr vergleichbar mit dem Vorgänger BBS.

[112] Vergl. Castells: *Galaxy.* S. 37ff.

[113] „One of Gates' arguments was his rhetorical question: 'What hobbyist can put 3 man-years into programming, finding all bugs, documenting his product and distribute for free?' Some advocates of free software consider that the open source movement, with quality products such as Linux, has completely disproved this argument. Others, including Gates, continue to suggest that paid software products tend to be more thoroughly vetted, better documented, more standardized and feature-rich, and less confusing to operate. Whichever side one takes, it is clear that the argument described in Gates' letter is ongoing. Another part of Gates' argument revolved around fairness, charging that people who broke his copyright on Altair BASIC were engaged in theft. He urged people who had done so to pay up, promising in return to 'deluge the hobby market with good software.'" Wikipedia. *Bill Gates.* www.

[114] Vergl. Castells: Galaxy. S. 37ff.

und Bewahrung von Identität oder der Verlust dieser im hohen Maße mit Besitz oder Nichtbesitz der Kontrolle kongruent ist, andererseits erhält die Gemeinschaft ihr Gerüst durch das Verhältnis von Kontrollierten und Kontrollierenden. Bereits in den ersten Zeilen dieser Arbeit wurde versucht, ein Beispiel des Kontrollaspektes mit der Darstellung des Helden Neo aus *The Matrix* anschaulich zu schildern. Ein weiteres Beispiel für das Thema der Kontrolle zeigt der Film *The Net*, in welchem die Verflechtung von Identitätsverlust und Kontrollverlust den zentralen Konflikt des Drehbuches formt. Sowohl das Erlangen als auch der Verlust von Kontrolle kann einfach hinterfragt werden: Wer ist Kontrollierter oder Kontrollierender und weshalb kann Kontrolle eingeschränkt oder erweitert werden? So erweitern die bereits benannten Gruppen der Hackerkultur und der Entrepreneure ihre Kontrollmöglichkeiten, durch eine fortschreitende Technologisierung des Alltags. Letztere bietet einen beschleunigten Informationsfluß und neue vielfältige Zugriffsmöglichkeiten auf diese Informationen, wobei in Folge eine verstärkte Kenntnis von und über Information durch eine umfassende Vernetzung auftreten kann. In diesem Sinne sind Hacker auch Cyberpunks in Gibsons Sinne.

> „Er krempelt sie um damit! Umverteilung der Macht zum eigenen Vorteil. Information.
> Macht. Knallharte Daten. Gib einem Mann genug Daten in die Hand
> [...]"[115]

Zusätzlich spielt natürlich die aktive Aneignung einer Art Medienkompetenz[116] eine Rolle. Diese Komponenten sollen es schließlich ermöglichen, sich umfangreich informiert zu emanzipieren und seine persönlichen Rechte wahrzunehmen, einen mündigen Bürger in einem demokratisch regierten Land zu bilden.

Dieser utopischen Haltung steht die dystopische Perspektive des Kontrollverlusts gegenüber, welche u.a. durch die verschiedenen Verschwörungstheorien, die im Internet umhergeistern, gekennzeichnet ist. Aber auch die Angst vor dem Verlust der Privatsphäre läßt schließlich Schlagwörter, wie die vom „Big Brother" o.ä. entstehen. Im Wesentlichen scheinen diese Argumente durch fehlende Kompetenz in der Eigengestaltung von Inhalten, durch eine passive Verharrungshaltung von unmündigen Nutzern entstanden zu sein. Jedoch spielen auch Umstände, wie fehlender Zugang oder eingeschränkte Eingabemöglichkeiten eine Rolle. In seinem Buch, in welchem er die ungewollten Konsequenzen der

---

[115] Gibson: *Mon Lisa*. S286.

[116] Die Fähigkeit selbst Inhalte zu erstellen, statt passiv zu konsumieren wird auch „Digital Literacy" genannt. „Digital literacy is the ability tu understand and use information in multiple formats from a wide range of sources when it is presented via computers [...]" Vergl. Gilster. Zit. nach. Ogbue: *Englischstudium und Internet.* S. 86.

Computerisierung beschreibt, faßt Gene I. Rochlin die Vor- und Nachteile der Möglichkeiten des Internets zusammen, wobei er das Wort „taking over" mit „reshaped" ersetzt:

> „[...]individual computing is not just a useful but a *necessary* resource, an indispensable tool not just for dealing with the forbidden complexity of modern society but also a means for gaining access to the explosive growth in human knowledge.
>
> The consequences of the increased social reliance, and, in many cases dependence, on computerized [..] systems are therefore likely to be neither direct nor obvious. There is no sign that computers [...] are 'taking over' [jedoch scheint Rochlin dies inhärent zu meinen] the conduct of human affairs either autonomously or as agents of human organization. Instead they are creating patterns of reliance and dependency through which our lives will be directly and irrevocably reshaped."[117]

Natürlich zeigt der Titel von Rochlin Buch *Trapped in the Net* direkt in dessen Argumentationsrichtung, wodurch klar wird, was mit „patterns of reliance" gemeint ist, nämlich das Beispiel einer Buchungsmöglichkeit eines Fluges durch eine starre Eingabemaske, welche nicht vorhergesehene Möglichkeiten einfach durch dieses „pattern" ausschließt.

Abschließend sei in diesem Kapitel das Verhältnis zwischen oben behandelten Themen und verschiedenen ethischen Gesichtspunkte untersucht, welche dem Thema Internet und Cyberspace mit dem Namen Cyberethik unterlegt werden. So begründen Rüdiger Funiok, Udo F. Schmälzle, daß eine moderne Methienethik sich auf verschiedenen Feldern abspiele, welche eng miteinander verzahnt seien und in einem engen Verhältnis von Utopien und Dystopien stehen.[118] Strukturelle Ethik sichert beispielsweise die Erhaltung geistigen Eigentums und kann so der Furcht vor Kontrollverlust über die Identität entgegenwirken. Darauf sollte auch eine Ethik der Produzenten bauen, indem die Ängste der Nutzer vor dem Verlust der Privatsphäre respektiert werden. Auf der anderen Seite muß natürlich ein mündiger Nutzer des Internets stehen. Darauf zielt eine Rezipientenethik, die eine Grenze zum Plagiat und etwaiges geistiges Eigentum akzeptiert und damit einer Gesellschaft, die ihre Kultur auf Urheberrechte aufbaut, zu Stabilität verhilft.

---

[117] Rochlin: *Trapped*. S. 7.

[118] In dieser Hinsicht unterscheiden die beiden Autoren zwischen der *Ebene der Struktur* des Mediensystems, in welchem eine philosophisch demokratietheoretische Begründung für eine entsprechende Handlungsweise gegeben sei und Wertepräferenzen vorgegeben würden, und einer *Ethik der Produkte*, wessen Inhalte und Formen des Mediensystems untersucht und Kriterien zu ihrer Beurteilung entwickelt würden. Darüber hinaus stelle die Ebene der *Ethik der Produzenten*, die Grundlagen journalistischen Handelns zur Verfügung. Jedoch gebe es auch eine *Ethik der Rezipienten*, in welcher der Rezipient als aktiver Handlungsträger im Mediensystem gesehen sei. Funiok, Schmälzle: *Medienethik vor neuen Herausforderungen*. S. 20f

# 4    Hollywood@Internet

Bereits in der Einleitung wurde gesagt, daß Filme eine Art O-Ton von John Doe seien und
daß diese deshalb eine Darstellung aktueller Reflektionen über das Internet und Cyberspace mit deren Dualismus von Utopie und Dystopie darstellen. Dieses Zwischenkapitel
versteht sich als Schnittstelle des bereits theoretisch beschriebenen Cyberspaces zu den im
Folgenden behandelten Filmen. In der Einleitung sind die folgenden Gruppierungen von
Hollywoodfilmen schon benannt worden. So ist es möglich,  neben den Cyberpunkfilmen
Filme zu stellen, die versuchen eine Definition über eine mögliche virtuelle Realität zu
finden. An dritter Stelle sind die Filme zu finden, welche das Internet zum Thema haben.
Diese Filme behandeln erstens die beschriebenen Reflektionen über Kontrolle, Verschwö-
rung und Identität und deren soziale und kulturelle Folgen.

Bevor die vorgestellten Filme im Einzelnen betrachtet werden, soll an dieser Stelle
ein kurze Übersicht über die wichtigsten Punkte der Filmanalyse erscheinen. Um einen
möglichst guten Überblick über diverse Reflektionen in den Filmen zu erhalten, scheint es
bedeutsam neben filmanalytischen und literaturwissenschaftlichen Elementen, wie beispielsweise den Plotpunkten nach Syd Fields Paradigma,[119] Mis-en-Scene oder In-
tertextualität (so weit wie möglich), verschiedene Themenbereiche für die entsprechenden
Reflektionen zu finden. Aus diesem Grund ist der folgende Teil der Arbeit in die Themen
„Cyberpunk", „Virtuelle Realität", „Kontrolle, Verantwortung und Generationskonflikt"
und „Internet" unterteilt.

Für die Filmanalyse erscheinen drei Plotpunkte unentbehrlich. Ein Hollywoodfilm
hat nach Fields Paradigma wichtige Plotpunkte: Obwohl dabei die Zahl dieser Plotpunkte
höher als drei sein kann, sind diese die wichtigsten: Plotpunkt I tritt nach ungefähr 20 bis
30 Minuten auf und schließt den Aufbau des Films ab. Genauso tritt Plotpunkt II 20 bis
30 Minuten vor Ende des Films auf und beendet den Konfrontationsabschnitt im Film. An
diesem Punkt wird eine Lösung des im Film vorgestellten Konflikts möglich. Der Zentrale
Punkt soll laut Syd Field beim Schreiben von Drehbüchern sehr nützlich sein, um großen
und langen Abschnitt der Konfrontation in zwei kleinere zu unterteilen, was für mehr Übersicht sorge. Dabei nimmt die Konfrontation an dieser Stelle eine neue Wendung. Plotpunkte geben zwar keine Auskunft über den Spannungsbogen, jedoch rahmen sie das
Drehbuch inhaltlich ein, geben dem Publikum eine dramaturgische Struktur vor.  Insofern
dienen Plotpunkte im Falle der Analyse der Filme  zur Darstellung der Reflektionen über
das Internet oder über den Cyberspace. Scheint beispielsweise zu Beginn des Films die Uto-

---

[119] Vergl. Field: *Drehbuch.* und. Schulze: *Hitchcock Excel.* www.

pie noch perfekt zu sein, tritt spätestens beim ersten Plotpunkt die Wendung ein. Die schöne neue Welt, welche im Film dargestellt wird, bekommt Risse. In der eigentlichen Handlung des Films wird nun die dargestellte Dystopie vorgestellt. Dabei werden beim zentralen Punkt die eigentlichen Folgen des Internets vorgestellt: Der Plot nimmt eine aussichtslose Richtung, beispielsweise Cyphers Verrat in *The Matrix*, der beabsichtige „Skinjob" für Rachael in *Blade Runner* oder die Entdeckung einer Realität in der Realität in *13th Floor*. Auf der anderen Seite steuert der Plot natürlich ab dieser Stelle der Auflösung entgegen, welche durch Plotpunkt II vorgestellt wird, wobei schon der Name sagt, daß an dieser Stelle mögliche Antworten auf den Konflikt zwischen Utopie und Dystopie gegeben werden sollen.

Neben den Plotpunkten ist die Mis-en-Scene ein weiteres wichtiges Element zur Darstellung diverser Betrachtungen, was am Beispiel von Angela Bennett aus *The Net* oder dem Beispiel Neos aus *The Matrix* deutlich wird. So besitzen sie einen Applecomputer, während ihre Gegenspieler ausschließlich mit PCs unterwegs sind. Interessant erscheint auch die Art und Weise, wie sogenannte Telling Names vergeben werden, so zum Beispiel der Firmenname „Cathedral", Das Computerprogramm „Torwächter" oder Angela Bennetts Kampf gegen Mark Devlin, es wird noch genauer im entsprechendem Kapitel auf diese Beispiele eingegangen werden.

Nicht vergessen sollen auch die Intertextualitäten, denn gerade der Film *The Matrix* ist mit diesen in fast biblischen Ausmaßen gepackt. So finden sich nicht nur unzählige Beispiele aus dem Gibsonuniversum im Film, sondern auch Beispiele aus Kafkas *Prozeß*, aus der *Bibel*, *Alice im Wunderland* oder Baudrillards Philosophie wird zitiert, neben *Bladerunner* und *2001 Space Odyssey*.

Selbst Genres werden gezielt eingesetzt, um eine entsprechende Stimmung beim Zuschauer entstehen zu lassen. Neben dem klassischen Science Fiction werden Elemente des Film Noir gebraucht, um eine düstere posthumane Mis-en-Scene entstehen zu lassen, ebenso wie das Krimigenre, dem der Hardboiled Detective entliehen wird, um Zynismus umzusetzen. Der Film *eXistenZ* spielt mit unserem Ekel und dem Gefühl in der Twilightzone zu sein, im Neverland. Und schließlich entstehen mit *You've got M@il*, Filme wie *Shop around the Corner* oder *Sleepless in Seattle* als Romanzen neu.

# 5    Cyberpunk

*„Was also ist der Mensch?"*[120]

Nach der Erschaffung des Menschen mußte Gott leider feststellen, daß doch nicht alles gut war. Dem Sündenfall des Menschen folgte dessen Ausstoßung aus dem Paradies. Doch bleibt zu fragen, ob der Schöpfer schlechterdings nicht auch ein wenig Schuld an der Misere hatte, schuf er doch den Menschen nach seinem Bilde, blies ihm den göttlichen Atem ein und verwischte so ein wenig die Grenzen zwischen Schöpfer und Geschöpf.

Vor dem gleichen Dilemma scheint nun auch der Mensch zu stehen, welcher sich zumindest in seinen Büchern ebenfalls als Schöpfer betätigte. Welche Verantwortung hat der Schöpfer gegenüber dem Erschaffenen? Was prägt die Beziehung des Menschen zu seinen Maschinen? Was grenzt den Menschen wiederum von seinen Geschöpfen ab. Wohlmöglich nichts? Insofern ist auch die ewige Suche nach dem Menschsein zu verstehen, die Raimar Zons sucht zu schildern:

> „Niemand wußte ja genau was der Mensch war. - Die Folterknechte des Mittelalters, [...] waren an diesem Rätsel gescheitert. [...] Die Kliniker des achtzehnten Jahrhunderts, [...] das neunzehnte Jahrhundert mit seinen Zwangsjacken [...] das zwanzigste mit seinen Gentechnologien [...] sie alle hatten ein Dunkel übriggelassen. Die modernen Staaten mit ihren Personenkennziffern, die Physiologen bohrten Silberdrähte in sein Gehirn, [...] sie ließen den Orgasmus sich auf den Oszillographen abzeichen. [...] Sie haben ihn domestizert, zivilisiert, diszipliniert, normalisiert und sediert, und doch kommt uns in den Sinn, daß niemand wußte was ein Mensch sei."[121]

So bleibt die Suche ohne Erfolg, denn so sagt Zons, bliebe vom beobachteten Menschen nicht sehr viel übrig durch diese Prozedur.[122] Einen alternativen Weg schlägt Descartes ein, indem er seine Träume als etwas reales und gleichzeitig irreales wahrnimmt, glaubt er hierbei den Schlüssel für die menschliche Existenz gefunden zu haben. Durch die Reflektion des eigen Ichs kann der Mensch zu sich selber gelangen.[123]

Vierhundert Jahre nach den Träumen Descartes, welche schließlich zum „Cogito ergo sum" führten, träumen nun jeweils Neo der Hacker und Deckard der Blade Runner ihren eigenen speziellen Traum, in denen sie sich ihres eigenen Selbsts bewußt werden. Während Deckard sich schließlich seiner als Maschine bewußt wird, ist es ebenso eine Art Traum, der Neo dazu bringt die Existenz der Matrix zu anzuerkennen. In diesem Sinne ar-

---

[120]  Zons: *Die Zeit des Menschen.* S. 224.

[121]  Zons: *Die Zeit des Menschen.* S. 224f.

[122]  Zons: *Die Zeit des Menschen.* S. 225.

[123]  Vergl. Zons: *Die Zeit des Menschen.* S. 221.

gumentiert Zons folglich, daß es um die „letzte und schwerste narzißtische Kränkung des Menschen [ginge], um die Unhaltbarkeit der anthropologischen Differenz." Der Mensch, demnach, ist seinen Geschöpfen gleich.[124]

## 5.1    Blade Runner

„More human than human"

Es ist das Jahr 2019, die Menschheit hat gerade den dritten Weltkrieg überlebt und halt sich nur dank der Arbeit von Androiden in Weltraumkolonien über Wasser. Das Los Angeles dieser Jahre erscheint als ein düsterer Moloch, aus dem man sich nur durch Auswanderung zu einer dieser Kolonien retten kann. Wer zurückbleiben muß, kann sich das düstere Leben scheinbar nur durch Drogen, Diebstahl und Bordellbesuche versüßen. In dieser Situation kommt es zu dem Problem, daß Androiden, deren Aufenthalt auf der Erde nicht erwünscht ist, da ihre Emotionen nicht zu kontrollieren sind, entfliehen und in Los Angeles Unterschlupf suchen. Auf sie wird der Bladerunner Deckard angesetzt, welcher die Aufgabe hat, diese Maschinen stillzulegen. Der Film spricht davon, sie „in den Ruhezustand" zu versetzen, einen „Skinjob" zu erledigen. Schon an dieser Bezeichnung wird deutlich, wie ambivalent diese Aufgabe scheinen mag, denn es steht tatsächlich auf „Messers Schneide", ob der Bladerunner seine Aufgabe erfüllt oder gar einen Menschen tötet.

Der Director's Cut macht besonders deutlich, welches Thema der Regisseur zentral in seinem Film behandelt.[125] Es wird erkennbar, daß die sogenannte anthropologische Differenz[126] unhaltbar scheint, ja sogar eine „ideologische Fabrikation"[127] ist.

> „[...] der Mensch [unterscheidet sich] in sich selbst [...]: in den beobachteten Feind, der der Beobachtung die Form gibt, und in den Beobachter, der sein Wissen von sich selbst der Beobachtung des Feindes verdankt. [...] Der maschinelle Feind ist seine eigene Frage als Gestalt. Es ist diese verhängnisvolle Einheit des Selben und des Anderen, [...] das Mörderische und das Unheimliche [...], für die Ridley Scott [...] die Chiffre des Replikanten gefunden hat."[128]

---

[124]  Vergl. Zons: *Die Zeit des Menschen*. S. 235.

[125]  Vom Film gibt es insgesamt 5 Versionen: die Denver/Dallas Rohfassung, die San Diego Rohfassung, die US- Kinofassung, und die europäische Kinofassung, alle aus dem Jahr 1982. Schließlich gibt es noch den Director's Cut von 1992. Die amerikanische Kinofassung wurde noch einmal überarbeitet, es wurde ein offensichtliches Happy End angefügt und ein narratives Voice Over über den Film gelegt. Diese Arbeit bezieht sich auf den Director's Cut von 1992 und auf die überarbeitete Fassung des Drehbuches von Hampton Pancher und David Peoples von 1981, weiterhin auf das  narrative Transskript von Mike Radencich.

[126]  Vergl. Zons: *Die Zeit des Menschen*. S. 235.

[127]  Silverman: *Back to the Future*. S.108-133.

[128]  Zons: *Zeit des  Menschen*. S. 228.

Das Verhältnis des Menschen zu seinen Geschöpfen, den Androiden, die ihr eigenes Ich gefunden haben, ist somit wahrhaft mörderisch. Es wird gezeigt, daß sich Deckard schließlich
nicht mehr auf dem schmalen Grat halten kann, auf dessen Grundlage er seine Skinjobs
erledigte. „Routine retirement" bedeutet Tod und er ist der Tötende, das muß er im Laufe
des Films erkennen, Euphemismen helfen ihm da auch nicht weiter.

Das Thema wird dabei vielschichtig behandelt, einmal auf der Ebene des Plots und
der filmisch literarischen Elemente und ein anderes Mal auf metaphysisch-religiöser Ebene.
Auf erstgenannter Ebene bestimmen im wesentlichen im wesentlichen die entsprechenden
Plotpunkte die Aussage des Films, was besonders am Director's Cut deutlich wird, weil
dort die erklärenden Voice Overs weggelassen und das Ende des Films verändert wurde.
So erkennt Deckard am ersten Plotpunkt, daß Rachael eine Replikantin ist und es wird
klar, daß es nicht mehr so leicht sein wird, die Distanz zwischen Mensch und Android aufrecht zu erhalten. Das Gegenteil ist der Fall. Durch die Vergabe von Erinnerungen an Rachael ist es auf der einen Seite für diese unmöglich festzustellen, wessen Erinnerungen sie
mit sich trägt. Auf der anderen Seite wird deutlich, daß diese Erinnerungen die Maschine
menschlich werden lassen, „more human than human" sozusagen. Der aufkeimende
Zweifel wird an im Gespräch Deckards mit Tyrell deutlich:

> „When she is out of earshot Deckard says to Tyrell... 'She is a replicant, isn't she?' 'I am
> impressed!' says Tyrell. [...] 'She doesn't know...' A pause ... then Tyrell says, 'She's be-
> ginning to suspect I think.' 'Suspect?' ,asks Deckard incredously, 'How can it not know,
> what it is?' 'Commerce... is our goal here at Tyrell. More human than human is our motto.
> Rachael is an experiment nothing more. We began... to recognize in them... strange
> obsession. [...] If we gift them with a past , we create a cushion or pillow for their emo-
> tions and consequently we can control them better.' 'Memories ...' says Deckard, now un-
> derstanding the importance of Tyrells words."[129]

Nicht nur, daß Deckard in seinen Fragen zwischen „Sie" und „Es" schwankt, ihm wird
auch bewußt, welche Bedeutung Erinnerungen für diese Maschinen haben. Sein späterer
Zynismus erklärt sich wohl in seiner Unsicherheit mit diesem Phänomen umzugehen. Der
Feind hat eine Gestalt bekommen, eine menschliche Gestalt. An dieser Stelle wird jedoch
auch das Religiöse deutlich, welches den Filmbetrachter inhärent begleiten wird. Zu Beginn der Szene werden die Gebäude der Tyrell Corporation sichtbar, sie sehen aus, wie
ägyptische Pyramiden oder Mayatempel in denen Tyrell als Gott und Schöpfer der Replikanten herrscht.

---

[129] Radencich: *Blade Runner. Transcript.* www.

Kurz vor dem zentralen Plotpunkt hat Deckard nun seinen entscheidenden Traum, in welchem er von einem Einhorn träumt. Diesem wird er später in der Form eines Origamipapiers wiederbegegnen und durch die Verbindung von Traum und Begegnung des Traumobjektes in der Wirklichkeit wird er seine wahre Identität erkennen. Der zentrale Punkt nun, zeigt mit aller Deutlichkeit das Problem, welchem Deckard unterworfen ist. Deckard „versetzt" sein erstes Opfer Zhora „in den Ruhestand". Während er sie zwischen offenen Nudelständen und einer Gruppe Hare Krishna Jünger[130] hindurch verfolgt, und ihr schließlich in den Rücken schießt, wird ihm bewußt, daß dies kein Skinjob mehr gewesen ist. Im Gegenteil, im Sterben fällt Zhora durch eine Gruppe Schaufensterpuppen, welche genauso gekleidet sind, wie sie selbst. Der Kontrast zu diesen Puppen, Zhoras Todesschrei und ihre Angst, die Menschen welche beide während der Szene umgeben, alles sind deutliche Indikatoren für Zhoras Menschlichkeit. Die aufkommenden Gewissenskonflikte Deckards werden noch deutlicher, als Rachael Leon aus Liebe? zu Deckard tötet und sie werden zur Gewißheit, als Deckard erfährt, daß es insgesamt nicht vier Skinjobs zu erledigen gab, sondern fünf. Rachael ist nicht „im Business", sondern sie „ist der Business", wie sie Deckard in seiner Wohnung zu verstehen gibt.

Der Beginn des zweiten Plotpunktes wird durch die Tötung von Pris eingeleitet, analog zu Zhoras Tod zwischen Schaufensterpuppen muß sie zwischen beweglichen Spielzeugpuppen von J.F. Sebastian sterben. Auch hier zeigt der Film wieder mit aller Deutlichkeit den Unterschied zwischen Maschinenhaftigkeit und Menschsein. Während des minutenlangen Kampfes zwischen Deckard und Roy Batty, dem Anführer der Replikanten, schwankt das Publikum zwischen Mitleid und Unterstützung für Deckard einerseits und dem Verständnis für den Replikantenführer andererseits.

Schließlich fulminiert deren Kampf in einem religiösen Diskurs. Nachdem Roy Batty nacheinander zum verlorenen Sohn und zum gefallenen Engel wird, wandelt er sich schlußendlich zum Erlöser. Nachdem er seinen „Vater" findet und diesen tötet, drückt er sich dem gekreuzigten Jesus gleich einen Nagel durch den Handballen, rettet am Ende das Leben seines Verfolgers Deckard und im Sterben läßt er eine Taube frei.

Durch die Mis-en-scene des Filmes wird deutlich, daß es sich um einen Film Noir handelt. Es lassen sich sämtliche Elemente des Genres wiederfinden, Verdrehungen in der Handlung, die ein Vexierspiel mit der Aufmerksamkeit des Publikums spielen. Die dunklen und regnerischen Straßen von Los Angeles erzeugen ein Gefühl der Unsicherheit.

---

[130] Im urbanen und multikulturellen Schmelztiegel der Millionenstadt Los Angeles scheinen die Replikanten tatsächlich „more human than human" zu sein.

Deckard als der Held des Films, zynisch und desillusioniert, gibt dabei einen hervor-
ragenden Hardboiled Detective, während der Part der Femme Fatale von Rachael übernommen wird, ist sie doch die Ursache, die Deckards Kartenhäuschen vom abgegrenzten
Mensch-Maschinenverhältnis zusammenfallen läßt. Der gesamte Film ist dabei in den ty-
pischen urbanen Farben Rot-Blau-Weiß-Schwarz gehalten (the city never sleeps) und gibt
so dem Film seine düstere Stimmung. Nur die Szenen, in denen die verschiedenen Bezie-
hungsmuster[131] dargestellt werden, sind sepiafarben gehalten. Auch der Traum Deckards
gehört dazu, klärt dieser Traum doch den Zuschauer über Deckards Stellung zu Rachael
auf. Interessant ist das Schachspiel, verschafft es doch Roy den Zutritt zu seinem Schöpfer.
Das dargestellte Spiel ist allgemein als *unsterbliches* Spiel bekannt, zu sehen ist das Ende
der von Anderssen und Kieseritzky im Jahr 1851 gespielten Party. So gibt es für dieses
Bild verschiedene Deutungen, nämlich das Spiel als als versinnbildlichte Darstellung der
Einkreisung Tyrells durch Roy, oder aber metaphorisch betrachtet, als Kampf von Deckard
gegen die Replikanten.[132]

 Es ist bereits von einer Art religiösen Diskurs gesprochen worden, auf den nun ein-
gegangen werden soll. So sind in der Figur des Replikanten Roy mehrere Ebenen vereint.
Der Führer Roy leitet seine Freunde aus der Sklaverei, wie einst Moses das Volk Israel aus
Ägypten in die Wüste führte. Für diese Version spricht auch, daß Rachael einen jüdischen
Namen trägt. Im Zusammenhang damit sieht man Roy auch den verlorenen Sohn, den zu
trösten Tyrell versucht. Ganz in der Art eines Psalms versichert er Roy:

> „The life that burns twice as bright burns half as long [...] and you have burned so very
> very brightly"[133]

Doch Roy ist nicht nur Befreier seiner Freunde, er ist auch Gottestöter. Nachdem er Tyrell,
seinem Schöpfer den Judaskuß gibt, bringt er ihn um. Nicht nur daß Roy aussieht, wie
eine Art Übermensch, blond, blaue Augen, er tötet auch seinen Schöpfer. Gott ist tot
schreibt Nietzsche. Die Verwandlung Roys ist aber damit noch nicht beendet, während er
sich am Schluß des Films einen Nagel durch die Hand rammt, symbolisiert er wohl nicht

---

[131] So werden jeweils die Beziehungen von Deckard zu Rachael, von Sebastian zu Pris, von Roy zu Tyrell geschildert. Die Beziehung Deckard Rachael ist für den Film wichtig, weil er Deckards Selbstfindung begleitet.
Sebastian und Pris zeigen wie unreif eigentlich die Menschheit sich als Schöpfer darstellt, Sebastian der genetische
Designer muß seine Freunde selbst erschaffen, er kann nur mit Spielzeug leben, das Methusalem Syndrom dient
dabei als Analogie zu überalteten und veränderungsunfähigen menschlichen Gesellschaft, welche nur von Drogen abhängig ist. Auf der anderen Seite steht Pris, die scheinbar unverdorben und jung, kindhaft dasteht, jedoch
durch die Hand der Menschen selbst nicht mehr lang zu leben hat. Im Verhältnis von Roy und Tyrell wird der
Kampf um die Vorherrschaft geschildert. Tyrell, der alte allmächtige Firmenmogul wird von Roy aus dem Weg
geschafft.

[132] Chapman: *Bladerunner. FAQ.* www.

[133] Radencich: *Bladerunner.* www.

nur sein nahendes Ende, sondern auch die Art seines Todes. Nicht nur daß er Deckard vor dem sicheren Tode rettet, ganz wie Jesus den römischen Soldaten heilte, dessen Ohr von einem Jünger abgeschlagen wurde, er erlöst diesen im Augenblicke seines Todes von der Schuld. Indem er die in seiner Hand gefangene Taube in den Himmel entläßt, verzeiht er die Morde an seinen Freunden.

Schließlich bleibt noch Deckards Vision vom Einhorn zu besprechen. Daß Deckard von diesem Fabelwesen träumt, nachdem er Rachael sagt, daß sie selbst ein Replikant sei, verknüpft mehrere Stränge des Plots miteinander. Der erste Strang ist der von Deckards wahrer Existenz als Replikant. Im Grunde genommen geschieht das gleiche mit ihm, was mit Rachael passiert ist: Seine Träume wurden implantiert und konnten z.B. von Gaff eingesehen werden. Nicht umsonst faltet dieser Origamis, die Deckards Gemütszustand entsprechen. So ist das Huhn ein Symbol für Deckards Abneigung, den Fall zu übernehmen, der Mann mit erigiertem Geschlechtsteil steht für Deckards Beziehung zu Rachael und die Spitze bildet das Einhorn, welches Deckard im Traum erscheint. Ein Einhorn kann auch ähnlich wie in Tennessee William *Glass Manegerie* für Andersartigkeit stehen, für ein symbolisches Handicap, was Deckard von anderen unterscheidet und es ihm deshalb unmöglich macht, Emotionen zu empfinden. Kalt wie ein Fisch, Sushi ist die Beschreibung, welche ihm als Spitzname gegeben wird. Ein Einhorn in der mittelalterlichen Sagenwelt stand für Reinheit und Jungfräulichkeit, weshalb es auch nur von Jungfrauen gezähmt und geritten werden konnte. Wenn nun das Einhorn aus Deckards Traum mit diesem gleichgesetzt werden würde, so ist es möglich den Schluß zu ziehen, daß nur Rachael fähig ist, Deckard die Möglichkeit zu geben, sich als anders zu akzeptieren, und Rachael lieben zu lernen. Über allem steht jedoch die Frage, wer als Mensch bezeichnet und akzeptiert werden kann. So sagt Roy zu J.F.Sebastian „I think therefore I am. We are no Computers, we are human"[134] Und genau wie Descartes seinen Traum in der Wirklichkeit wiederfindet, so unterscheidet sich Deckards geträumte Realität nicht vom wachen Zustand.

Dieser Film ist eine dystopische Reflektion auf die Utopie, Maschinen zu bauen, welche dem Menschen auf dem ersten Blick gleichen. Dabei wird deutlich, welche Probleme die Anthropomorphisierung von Maschinen mit sich bringt. Wenn Maschinen sich nicht mehr vom Menschen unterscheiden, welchen Status haben diese dann? Der Film bejaht den menschlichen Status dieser Maschinen und stellt jeden anderen Status als Form von Sklaverei dar, gegen die letztendlich Widerstand geleistet wird.

---

[134] Radencich: *Bladerunner. Transcript.* www

## 5.2    Die Beziehungen von Mensch und Maschine in der Matrix

Wiederum spielt der Film in der Zukunft, jedoch ist es eine zeitlich unbestimmte Zukunft in einer postapokalyptischen Welt. Eigentlich ist es das Jahr 2199, in einem gigantischen Netzwerk aus einer Art Kokons für die Weltbevölkerung wird die Welt von 1999 simuliert. Es ist diese Art des Lebens und diese Simulation, die eine Gruppe Hacker mit den bezeichnenden Namen Neo, Morpheus und Trinity sich gegen das System auflehnen läßt. Dieser Film reflektiert einerseits die Angst vor dem Verlust der Kontrolle über die von Menschen erschaffenen Maschinen, gleich dem Zauberlehrling, welcher seine Helfer nicht mehr dirigieren kann. Auf der anderen Seite steht eine tief verwurzelte Skepsis vor Virtualität, deren Ausmaß nicht einmal im Kinofilm geklärt werden kann. In diesem Kapitel ist das Thema der Beziehung zwischen Mensch und Maschine wichtig. Auf das zweite Thema wird dann im Kapitel über virtuelle Realität eingegangen.

Das Prägende der Mensch-Maschinenbeziehung ist dabei hauptsächlich durch den Begriff der Kontrolle definiert. Es ist auf der einen Seite ein Film über die Furcht davor, sich allzu leichtfertig in die Abhängigkeit von Maschinen zu begeben. Auf der anderen Seite ist es eine religiös-philosophisch geprägte Fabel über eine Befreiung der Menschheit aus der besagten Abhängigkeit von Maschinen. Dabei versucht der Film darzustellen, wie die wechselseitige Abhängigkeiten funktioniert. So sind und waren Maschinen immer vom Menschen durch den Faktor Energie abhängig, was schließlich im Film dazu führt, daß der menschliche Körper nun selbst als Energiequelle dienen muß. Andererseits sind die Menschen von der Maschinenwelt abhängig. So spricht Morpheus wiederholt von dem System, in welchem der Mensch als Sklave hineingeboren wird. Aber es ist genau dieses System, was den Menschen anscheinend am Leben erhält, denn in der Konfrontation Morpheus' und Agent Smith ist es eine perfekte Welt, welche anscheinend nicht funktioniere, sondern zu „Ernteausfällen"[135], d.h. zum Massensterben geführt habe. In diesem Sinne hat sich das Kontrollverhältnis zwischen Mensch und Maschine umgekehrt. Es sind nicht länger mehr die Maschinen, welche die Sklavenarbeit, wie in *Blade Runner*, verrichten müssen, sondern die Menschen werden gleichsam in industrieller Landwirtschaft gehalten, ihr biologisches Überleben gedüngt durch die eigenen Stoffwechselprodukte, ihr Nutzen: Energie.

Der Konflikt über Kontrolle in dieser Beziehung ist auch der erste wichtige Konflikt, um den sich der Plot strukturiert. Folgende Punkte dieses zentralen Konflikts zwischen Agent Smith und Neo lassen sich dabei festhalten.

---

[135]  Der Begriff Ernteausfall ist natürlich bezeichnend für den zentralen Konflikt zwischen Mensch und Maschine in diesem Film. Menschen sind in der Welt der Matrix nur Produkte, die gezüchtet werden, wie Pflanzen.

a) Neo ist ein Hacker – Agent Smith ist der Staat
   Der Hacker Neo möchte seine Rechte gegenüber dem Staat bewahrt sehen: So stehen Zensur und Redefreiheit sich symbolisch gegenüber, was durch den verschlossenen Mund Neos gezeigt wird.

b) Neo ist ein Mensch – Agent Smith ist eine Maschine
   Der Mensch Neo kann nicht akzeptieren, daß seine Wirklichkeit fremdbestimmt sein soll, daß er Teil eines Systems ist, von dem jedoch bereits jeder moderne Mensch abhängig ist.

c) Neo ist ein Programmierer (Hacker) – Agent Smith ist ein außer Kontrolle geratenes Virus
   Das System Matrix erleidet durch Neos Beeinflussung einen Zusammenbruch – Systemfailure

d) Neo ist ein Trickster, eine Art Prinzip des Guten – Agent Smith ist das Prinzip des Bösen
   Neo der Trickster versucht, wann immer es geht, die Pläne des bösen Prinzips zu durchkreuzen, indem er die Regeln umkehrt, ganz wie ein Heyoka[136] aus der Mythologie der Prärieindianer.

Diese Aufstellung wird auch anhand der Plotpunkte deutlich. So findet der PP I statt, als sich Neo in den Händen der Agenten befindet. Hier ist die Tatsache bezeichnend, daß Neo ein Hacker ist. Der Codex eines Hackers erkennt natürlich keine Autorität an, wie Neos Chef treffend bemerkt. Neo hat ein „Problem mit Autorität". An dieser Stelle ist nicht nur zu erkennen, daß sich die angebliche Wirklichkeit manipulieren läßt,[137] sondern auch Neos Widerstand gegen den Staat. Doch auch der Widerwillen gegen jegliche Fremdbestimmung ist ein Merkmal des Hackers Neo. Insofern ist gerade die Vergewaltigung des virtuellen Leibes durch den Mundtot und dem Einsatz einer Wanze bezeichnend für die Art des Konflikts, welcher vorgestellt wird und weshalb Neo im Laufe der Handlung eine eindeutige Stellung gegenüber Cypher, dem Verräter einnehmen wird, was sich im entscheidenden Gespräch zwischen Neo und Cypher kurz vor dem zentralen Punkt herauskristallisiert. Es käme schon sehr überraschend, wenn Neo die falsche Pille nähme oder dieses später bereute.

Cyphers Verrat stellt den zentralen Plotpunkt dar, denn an dieser Stelle wird die Position Cyphers im Kontrast zur der Neos erkennbar. Es zeigt sich, daß Freiheit nicht ohne weiteres zu ertragen ist, daß das System, das Verhältnis Mensch-Maschine so bedeutsam ist, daß einige bereit sind ihre Freunde und Ideale dafür zu opfern. Im Kontrast zu Cypher zeigt er sich bereit, sich selbst zu opfern, um Morpheus zu retten. Im weiteren ermöglicht der Verrat Cyphers die Selbsterkenntnis Neos. Ohne diesen Verrat muß der Held des Films nach wie vor abstürzen und die Sprünge nicht schaffen, um mit dem Film zu sprechen. Wiederum ist es die Ablehnung jeglicher Fremdbestimmung und der Wille sein Selbst zu

---

[136] Heyoka. Der Begriff stammt aus der Lakotamythologie und bezeichnet jemand der die Regeln immer umgekehrt befolgt, also eine Tricksterfigur.

[137] Der Trick mit Neos Computer, sicherlich beängstigend, ließe sich sicherlich auch ohne Matrix bewerkstelligen. Auch daß ein Postbote das Handy überbringt, oder daß Morpheus die Bewegungen der Agenten vorhersagt, ist wahrlich verwirrend, was hinlänglich durch Neo dargestellt ist. Jedoch ist erst die körperliche Gewalt durch Veränderung an Neos Mund ein erster direkter Hinweis auf die Matrix für Neo.

kontrollieren, welche ihn handeln lassen. Deshalb ist es für Neo möglich, der Auserwählte zu sein.

Die Erkenntnis, daß es keinen „Löffel" gebe, ist Neos letzter Schritt zum Ziel der Selbsterkenntnis. Aus diesem Grund findet man an dieser Stelle den Plotpunkt II, der die Lösung des Kontrollkonflikts zwischen Mensch und Maschine einleitet. Mit der Erkenntnis, daß es die Welt der Matrix in Wahrheit nicht gebe, sondern diese nur ein gigantisches Computerspiel ist, kann Neo der Hacker, der Programmierer und Trickster das Programm Matrix beeinflussen, den Code ändern. Die Erkenntnis über die Unwirklichkeit ist gleich einem sogenannten Cheat[138] in einem Computerspiel.

Essays, Kritiken und Rezensionen sprechen die zahlreichen Intertextualitäten an, welche im Film auftreten. So spricht der Rezensent der New York Times[139] von Franz Kafkas *Verwandlung*.[140] Und tatsächlich lassen sich verschiedene Themen Kafkas, wie Verwirrung und Isolation in dem Diskurs des Films wiederfinden. Menschen leben gleich Insekten in riesigen Kokons, Neo muß also entdecken, daß sein bisheriges Leben nicht wertvoller als das eines Käfers war. Und gleich dem Landvermesser K., welcher nicht in der Lage ist, das *Schloß* zu finden, ist der Hacker Neo auf der Suche nach der Wahrheit seines Lebens.[141] Jedoch nicht nur Kafka wird zitiert, der Film scheint eine computergenerierte Version von Alices Wunderland zu sein, nur daß sich das Kaninchenloch in der Wirklichkeit befindet. Die gigantischen Menschenfelder erinnern an Huxleys *Schöne neue Welt*.[142] Die Romane Gibsons dienen den Wachowskibrüdern nicht nur als Vorlage für die Welt der Matrix, welche sich in einem Konstrukt befindet, dem dreidimensionalen Raum, sondern auch die Verbindung von Mensch und Maschine von den Autoren aufgegriffen. Eigentlich ist es sogar ein positives Fazit, welches die Regisseure in ihrem Drehbuch ziehen, der Mensch Neo wird zu einer Art Maschine, die die andere Maschinen sogar nach ihrem Willen umschreiben kann. Während Cypher, der Verräter, den Code zwar auch abstrahieren kann, ist es Neo möglich, aus der Abstraktion des Codes Realität und Bildlichkeit zu formen. Dies erinnert an Lyotards Warnung, daß das Denken ohne Leib an das Verbrechen grenze, denn nichts habe so schmutzige Folgen wir der reine Geist.[143] Wieder läßt sich dabei der Vergleich zwischen Cypher und Neo aufgreifen. Während es für Cypher ausreichend erscheint,

---

[138] Cheat. Von Programmierern absichtlich eingebauter Fehler in einem Computerspiel, um schneller an eine Lösung zu kommen, unverwundbar zu sein oder endlos viel Ressourcen zu benutzen.

[139] Rothstein: *Hacker's Vision.*

[140] Vergl. Kafka: *Verwandlung.*

[141] Vergl. Kafka: *Das Schloß.*

[142] Vergl. Huxley: *Schöne neue Welt.*

[143] Kamper: *Die Schnittstelle von Bild und Körper.* S. 281.

den Matrixcode in reiner Form zu konsumieren und später bei seinem Verrat, sich diesem Denken sogar ganz hinzugeben, ist dies für Neo schlechthin ekelhaft, was seine abweisende Reaktion auf Cyphers Bekenntnis zeigt. Er braucht Körperlichkeit, deshalb wandelt er den Code um, weist das Angebot der Agenten am PP I von sich. Ihm ist es bewußt, daß er gleich Bobby aus Gibsons Biochips nur ein elender Haufen, ein Körper in „Kotze" wäre, sobald er sich in die Matrix „jacken" würde, um mit Gibsons Worten zu sprechen. Aus diesem Grund soll Matrix auch unter dem Gesichtspunkt der virtuellen Realität im folgenden Kapitel besprochen werden.

Der Film Matrix ist eine dystopische Reflektion über die Beziehung zwischen Mensch und Maschine. Die wechselseitige Abhängigkeit ist geprägt von einem Kontrollverlust der Menschen gegenüber den Maschinen. So bleibt der Menschheit nur die Wahl zwischen einer Simulation oder einer elenden Freiheit. Der Film stellt die Aussage in die Mitte, daß Freiheit letztendlich nur Illusion sei.

# 6      Virtuelle Realität

Rein technisch gesehen ist es kein Problem, eine virtuelle Welt, wie die der Matrix entstehen zu lassen. So gibt es bereits zum heutigen Tage dutzende Geräte, die einen Menschen in eine virtuelle Welt eintauchen lassen. Auf den verschiedensten Elektronikmessen werden immer ausgefeiltere Geräte vorgestellt, die einen dreidimensionalen Raum aus der Vorstellung des William Gibson kreieren. Die sinnliche Erfahrung einer Realität im Rahmen eines gigantischen Computerspiels beschreibt Norbert Wiener, indem er die These aufstellt, daß die telegraphische Übermittlung eines Menschen nicht eine fundamentale Schwierigkeit sei, sondern nur technisch verwirklicht werden müsse. Er bezieht sich dabei auf den Biologen Quaster, welcher den Nachrichtengehalt eines Menschen mit 10 hoch 28 bit für die atomare, 10 hoch 25 für die molekulare und 10 hoch 5 bit für die genetische Beschreibung einschätze.[144]

Die Erkenntnis, daß es durchaus in einer Zukunft möglich sein werde, eine Art virtuelle Realität zu erzeugen, wirft verschiedenste Fragen auf, die in den im folgenden besprochenen Filmen beantwortet werden. So beschäftigt sich *Matrix* mit den Auswirkungen der Virtuellen Realität auf den Menschen auf emotionaler, ethischer und philosophischer Ebene. Die Frage von parallelen Welten versuchen die Filme Rusnaks *13th Floor* und Cronenbergs *eXistenZ* zu beantworten, in welchen unter anderem die Verantwortung der Schöpfer von künstlichen Welten hinterfragt wird. Schließlich stellt Solaris einzig den Menschen und sein Empfinden in der Virtualität in den Mittelpunkt.

## 6.1    Virtuelle Realität in der Matrix

Auch wenn Baudrillard von einem grundlegendem Mißverständnis zwischen Simulation und Illusion redet,[145] welchem die Filmemacher aufgesessen seien, ist der Film doch eine Darstellung von beidem. Die Maschinen versorgen den biologischen Körper der Menschen mit der Simulation eines „Restbilds", während die Illusion der menschlichen Freiheit aufrecht erhalten wird. Während im vorhergehenden Kapitel der Film im Hinblick auf die Mensch-Maschinenbeziehung untersucht wurde, soll an dieser Stelle die zweite zentrale

---

[144] Vergl. Wiener. Zit. nach Oeser: *Wissenschaft und Information*. S. 9.

[145] „What we have here is essentially the same misunderstanding as with the simulationist artists in New York in the 80s. These people take the hypothesis of the virtual as a fact and carry it over to visible fantasms. But the primary characteristic of this universe lies precisely in the inability to use categories of the real to speak about it. [...] The Matrix's main point is as a paroxystic synthesis of all of [the growing blur between the real and the virtual]: Sadly, the mechanism is roughly done and don't arouse any trouble. Either characters are in the Matrix, that is in the digitalisation of everything. Or they are radically out of it, as it happens at Zion, the city of the rebels. Actually, the most interesting thing would be to show what does happen at the joining of these two worlds. Anyway, the real nuisance in this movie is that the brand-new problem of the simulation is mistaken with the very classic problem of the illusion, already mentionned by Plato. Here lies the mistake." Vergl. Baudrillard: *Interview* . www.

Frage des Films beleuchtet werden, nämlich ob eine simulierte, eine erlogene, doch eine scheinbar perfekte Welt einer Welt vorzuziehen ist, welche in allem grausamer, gefährlicher und armseliger scheint. Mit anderen Worten beleuchtet der Film Glanz und Schatten eines goldenen Käfigs.

Dieser Zwiespalt wird dem Zuschauer augenscheinlich vorgeführt, indem der Film in einer Mis-en-Scene schwelgt, die reich an Film Noir Elementen ist, um das Motiv der Ambivalenz zwischen Realität und Virtualität zu zeigen. So spielen Spiegel eine entscheidende Rolle in der Charakterisierung der Matrix, sind diese doch durch ihre Eigenschaft, Dinge verkehrt herum darzustellen und zu verzerren eine beliebte Form Verwirrung zu stiften. An entscheidenden Stellen der Handlung wird ein Spiegelbild vor die Kamera geführt, so beobachtet Trinity durch einen Motorradrückspiegel die Verhaftung Neos. Auch bei der Befreiung Neos aus der Matrix gerät dieser durch einen Spiegel in Lebensgefahr (Der Spiegel spielt hier die Rolle eines Mediums, eines Durchgangs von der einen Welt in die andere.) und bei Neos Gang zum Orakel, wo der Türknopf klar, aber verzerrt sein Spiegelbild darstellt.

Der Spiegel verdeutlicht jedoch ebenso das Konzept Baudrillards. Auch wenn dieser augenscheinlich nicht der Meinung ist, daß dem so sei.[146] Der Gott des Schlafes erweckt den Auserwählten mit der Feststellung:

> „Morpheus:
>> You have been living inside a dreamworld, Neo. As in Baudrillards    vision,
> your whole life has been spent inside the map, not the territory."

Ein weiteres auffälliges Merkmal ist, daß alle handelnden Figuren, die sich auf einer anderen Ebene der Matrix befinden, eine Sonnenbrille tragen. Es scheint, als verhelfe die Sonnenbrille dem Träger, die Matrix als das zu sehen, was sie ist. Ist sie eine gigantische Täuschung, ein Lichtbild, vor dem es sich zu schützen gilt? Man bemerke, daß Neo im Training noch keine Sonnenbrille trägt. Nachdem er sich das erste Mal nach seiner Befreiung in die Matrix einloggt, um den Besuch beim Orakel vorzunehmen, trägt er eine Sonnenbrille. Die Brillen sind auch ein Hinweis auf die Traumwelt, in welcher die Bewohner der Matrix leben, nur daß sich hier die Träger der Brillen genau bewußt sind, in welcher Realität die Handlung stattfindet. Es ist ein Wunderland, ein „Netherland". In diesem Kontext wird Neo zu Beginn des Films dargestellt, mit dem Gefühl immer wieder aus einem bösen Traum aufzuwachen. So geht es ihm wie einer Person, die sich sehnlichst

---

[146]  Baudrillard: *Interview.* www.

wünscht aus dem Alptraum zu erwachen, sich aber nie sicher sein kann, ob der Traum nicht nur eine weitere Fortsetzung findet. So fragt er schließlich Choi:

> „Neo:
>                    You ever have the feeling that you're not sure if you're awake or still drea-
> ming?"

In dieser Hinsicht spielen auch die technischen Anachronismen eine Rolle. Telefone aus den zwanziger Jahren und überdimensionierte Gerätschaften, welche von Konrad Zuse und einem Alchemisten aus dem Mittelalter konstruiert zu sein scheinen, stellen eine Welt dar, in welcher überhaupt nichts zusammenpaßt. In dieser Art faßt es auch jener zusammen, welcher den treffenden Namen Morpheus trägt:

> „Morpheus:
>                    You've felt it your whole life, felt that something is wrong with the    world.
> You don't know what, but it's there like a splinter in your mind,        driving you mad."

Am Plotpunkt I suggeriert der Film den Kinobesuchern klar, welche Entscheidung dieser bei einer gleichen Wahl der Realitäten treffen würde. Wer möchte schon in einer Welt leben, in der alles manipuliert ist, in welcher der einzelne keine Rechte zu haben scheint. Diese Erkenntnis befällt Neo während des Verhörs, als seine bisherigen Rechte wie Kartenhäuser in sich zusammenfallen. Am zentralen Punkt wendet sich der Film dem Zuschauer jedoch mit neuen Argumenten zu, die ihn vielleicht seine anfängliche Position – so wie Cypher – revidieren lassen: Denn die Matrix stellt trotz aller aller Menschenfelder und gedanklichen Manipulationen eine sichere Wiege dar, in welcher für den Einzelnen gesorgt wird. So beschreibt später Agent Smith auch die Matrix als etwas wunderschönes, was durch die sogenannten Terroristen zerstört wird. Fast klingt es wie Propaganda, sein Plädoyer für die Maschinen als nächste Stufe der Evolution. Sieht man sich nun die letzten Menschen in ihrer selbst gewählten Freiheit an, tragen sie auf dem Schiff Nebukadnezar Gefängniskleidung und müssen Sträflingsessen zu sich nehmen. Schließlich heißt Morpheus Neo in der Realität mit den Worten „The desert of the real" willkommen. Es stellt sich die Frage, wer wohl freier ist, die befreiten oder die in der Matrix lebenden Menschen. Cypher beantwortet diese Frage für sich, indem er Morpheus verrät und sich für das Steak mit dem Argument, die Matrix sei realer, entscheidet. Jedoch weiß er denn, wie ein Steak tatsächlich schmeckt, ist die Antwort, welche der Film auf diese Wahl gibt.

Nach diesen Zweifeln findet Neo dann am Plotpunkt II die Antwort zu der Frage, ob sein Leben tatsächlich stattfinde und er befreit sich und den Zuschauer von jeglicher Unklarheit. Nun endlich kann er das, was er so anschaulich im Trainingsprogramm gelernt hat, umsetzen. Wer sich nicht wirklich aus dem System befreit hat, ist eine Maschine, existiert somit gar nicht, sondern dient im Zweifelsfall nur als Muster für den Download der Maschinenmenschen.[147] Mit der Erkenntnis, das der Löffel nicht existiere, stellt er fest, daß die Menschen, welche er erschießen muß, auch nicht existieren. Insofern wird auch klar, wie sich jener Internetsurfer fühlte, als er diese Ansicht als eine Art „Disembodiment" empfindet:

> „I spend my day speaking to disembodied voices about growing ever-changing numbers, representing potential values agreed upon by people I don't know and I won't ever meet."[148]

Diese Worte zeigen, daß der Film Matrix mit seiner Sicht auf virtuelle Realität nicht allein steht. Virtuelle Realität ist grundsätzlich etwas Negatives. Im Film wird diese deshalb als eine Flucht betrachtet, genau wie eine Droge als eine Flucht gelten kann. In diesem Sinne sind auch die Handlungen Cyphers zu verstehen, welcher die sogenannte „Freiheit" verrät. Insofern reflektiert der Film auch das Verhalten des modernen, urbanen Menschen, der sich lieber in zahlreiche Abhängigkeiten begibt, seien es Job, Geld oder Karriere, als das wirklich harte Leben eines Aussteigers oder Bohemian zu leben.

## 6.2    13th Floor

Josef Rusnaks *13th Floor* ist ein weiterer Film, welcher sich anlehnend an Daniel F. Galouyes Roman *Welt am Draht* mit der Darstellung von Fragen und Reflektionen über virtuelle Realität beschäftigt.[149] In diesem Film macht der Informatiker und Programmierer Hannon Fuller eine Entdeckung, die das Leben der handelnden Personen extrem durcheinander wirft und es ist diese Entdeckung, welche ihm schließlich das Leben kostet. Die Rahmenhandlung baut sich nun auf diesen Mord auf. In das Zentrum der Ermittlungen gerät als Hauptverdächtiger Fullers Mitarbeiter und Freund Douglas, der sich seinerseits nicht mehr bewußt erinnern kann, wie er die fragliche Nacht verbracht hat. Bei dem eigenen Versuch der Aufklärung stellt Douglas fest, daß er und seine Mitmenschen nicht nur Schöpfer eines Art Simcity-ähnlichen Stadtbildes[150] vom Los Angeles des Jahres 1937 mit „fully formed, self-learning cyber-beings" sind, sondern ihrerseits auch nur Bewohner einer virtuellen Welt darstellen.

---

[147] Dieses Konzept gibt es wohl in unzähliger Form bei den zahlreichen Zombie- und Bodysnatcherfilmen der B-Kategorie. Auch die assimilierten StarTrek Borg haben etwas von dem Konzept der Übernahme des Körpers. Nur Neo gelingt es am Ende, den virtuellen Körper von Agent Smith zu übernehmen.

[148] Edward Rothstein: *Hacker's Visions.*

[149] Es gibt bereits einen gleichnamigen Film von Fassbinder.

[150] Simcity. Ein Computerspiel, daß zum Ziel hat, die Entwicklung einer Stadt zu simulieren.

Im Unterschied zu *The Matrix* ist *The 13ᵗʰ Floor* ein Film, welcher sich bereits mit Fragen nach hybrider Realität auseinandersetzt. Nun wird genau wie in *The Matrix* der cartesianische Zweifel an der mentalen Abbildung geäußert. Nicht umsonst wird dem Film als Motto „Ich denke also bin ich" vorangestellt. In der Matrix jedoch

> „[...] is no connection at all between the two realms [physical and digital, Anm.] Machines lived in the physical world and humans 'lived' in the virtual world. Only some special mortals could have the power to move through both realms and have the awareness of the world's reality. For them was given the power of nomadicity, which allowed them to have the awareness of both physical and digital spaces. Nevertheless, the majority of human beings neither had consciousnes nor movement. [...] People only had the illusion that they could think, but they could not think at all. Programmed human minds were represented in the virtual reality, but their physical bodies were imprisoned [...] Immobility avoids the connection between physical and virtual."[151]

Wo Gibson noch Halluzination oder mit Baudrillards Worten zu sprechen, Illusion sah, Darstellung von Information im Kopf (*Matrix*), ist *13ᵗʰ Floor* eine selbständige Welt: Das Materielle verbindet sich mit dem Immateriellen, denn bei *The Matrix* gibt es die Biologie außen und immobil, den dagegen Geist innen und mobil. Bei *13ᵗʰ Floor* existieren Körper und Geist in der Simulation. Adriana de Souza e Silva spricht von „merging physical and digital spaces":

> „In the movie [13ᵗʰ floor, Anm.], people no longer enter the virtual space. They belong to it. [...] There are virtual personas that actually live an independent live inside the simulation. [...] characters are meant to be completely programmed entities. [...] The complexity in The Thirteenth Floor arises, then, when we perceive that physical and virtual spaces are so interconnnected that one cannot realize which one is the real and which one is the simulation."[152]

Der Einsatz des Konzeptes hybrider Realität beinhaltet mehr noch als *The Matrix* die Fragen nach dem Sein des Menschen, ohne diese aber endgültig zu beantworten zu können. Der Film geht von einer parallel existierenden Welt aus, die uns umgeben soll, jedoch ist uns der Zugriff auf diese verwehrt. Der Hinweis, daß die Realität Fullers die einzige sei, die es schließlich schaffte, eine virtuelle Welt innerhalb einer virtuellen Welt hervorzubringen, führte zu Fullers Tod und zu einem Ausstoß aus dem Paradies, einen biblischen Vergleich an dieser Stelle wagend.

Die Struktur des Plots folgt schließlich wieder den aufgeworfenen Fragen. So führen seine Recherchen Douglas zum Plotpunkt I, an welchem er feststellt, daß Fuller ihn ent-

---

[151] e Silva: *Simulations Hybrid Space.* S. 217.

[152] e Silva: *Simulations Hybrid Space.* S. 218f.

gegen seinen Erinnerungen doch angerufen hat. Der angebliche Text auf dem Anrufbeant-
worter scheint aus dem Gedächtnis gelöscht zu sein. Dieser Punkt ist deshalb der Plotpunkt I, weil dies der erste Hinweis im Film ist, daß Fuller mit dem Problem nicht die erschaffene Welt meinte, sondern die eigene. Bis zu diesem Punkt scheint es für den Filmbetrachter ziemlich klar zu sein, in welcher Welt er sich befindet. Die virtuelle Welt aus
Fullers Kindheit besticht durch die Romantik der Darstellung einer vergangenen Ära in den
Tönen einer Art Film Noir, „intentionally slanted in a nostalgic, golden-hued direction."[153]
Im Kontrast dazu existiert das gegenwärtige Los Angeles in den Farben der „comparatively
cold and harsh 1990s."[154]

Der Konflikt im Film entsteht schließlich durch einen Brief, welcher nicht den kor-
rekten Adressaten erreicht, sondern in dessen Folge sogar die Realitätsebenen vermischt
werden. Es stellt sich heraus, daß dieser Darstellung nicht zu trauen ist. Die Gegenwart ist
nur eine weitere Simulation, was für den Zuschauer am ZP des Plots zu Gewißheit wird.
Insofern bekommt der Name des Films *13ᵗʰ Floor* eine völlig neue Bedeutung für den Zuschauer. Nicht nur daß am zentralen Plotpunkt die klare Einteilung in innen und außen der
virtuellen Realität ein Ende nimmt, sondern es wird ebenso deutlich, daß die verschiedenen
Stufen der Realität einem Haus mit vielen Stockwerken gleichen. Interessant ist auch, daß
es in zahlreichen Hochhäusern des Westens kein dreizehntes Stockwerk gibt. In diesem
Film ist es nicht nur präsent, sondern es wird auf dieser Etage, die laut Aberglauben nicht
existieren dürfte, eine Welt erschaffen, von einer Welt, welche ebenso nicht existieren
sollte.

Als es Ashton, einem Charakter aus der von Fuller geschaffenen virtuellen Realität,
schließlich gelingt in die Welt von Douglas einzutreten, die Begriffe *upload* und *download* verweisen auf die vertikale Sichtweise der einzelnen Ebenen, erreicht die Handlung
den Plotpunkt II. Im darauf folgenden Dialog mit Douglas faßt der Film seine Lesart über
das Verhältnis Schöpfer und Geschöpf noch einmal zusammen, wobei das metaphorische
Konzept des Fernsehers für die Darstellung der verschiedenen Ebenen der Realität steht:

„Ashton:
            [...] What did you do to the world?
  Douglas:
            Turn it off.
  Ashton:

---

[153] Calhoun: *Destination 13ᵗʰ. Floor.* S. 50.
[154] Calhoun: *Destination 13ᵗʰ. Floor.* S. 51.

> [...] Put it back. Don't do that! Put it back! What did I do? [...] You are
> really a god."

Es wird deutlich, daß Gott eigentlich kein Gott ist, sondern sogar sterblich und in der gleichen Situation wie das Geschöpf:

> „Douglas:
>
> It's all smoke and mirrors. Just like your world. We're nothing but a    simulation on some computer. It's like a machine. Like this arcade game. You've    got    your players and you put your nickel in. This one pitches.    This one runs around the bases. Preprogrammed movements generated by    electrical energy. We're improved on this model since then. The players    can beat the shit out of and try to drown some other, which is always    fun."

Das Leben ist nichts als ein Spiel und es ist möglich sich seines Schöpfers zu entledigen und dessen Stelle einzunehmen, dies wird durch den Plotpunkt II deutlich. Daraus folgend löst dann der Film auch die begonnene Liebesgeschichte zwischen Fullers Tochter  und Douglas auf. Um zu lieben, wird eine Art Gottesmord begangen, Douglas' User, welcher seinen Status mißbrauchte, indem er Fuller ermordete, wird nun ebenso beseitigt.

Durch die sich im Laufe der Handlung vermengenden Realitätsebenen, stellt sich die Frage, ob es wirklich ausreicht, nur ein Bewußtsein zu besitzen, um die eigene Existenz klären und erklären zu können. Oder benötigt der Mensch feste Anhaltspunkte, Konstruktionen um leben zu können. Eine Frage beantwortet der Film. Worin liegt die   Verantwortung eines Schöpfers dieser Welten? Sicherlich scheint es nicht die richtige Antwort zu sein, einfach alles abzuschalten, was durch den Mord an Fuller hinreichend  dargestellt ist. Und Ashtons Aufbegehren hat dabei schon fast religiöse Bezüge eines Hiob, der an Gott zweifelt und diesen anklagt:

> „Ashton:
>
> I am asking he questions now. I want to know why would you put us through this? Why are you f***ing with our minds?"

Der Mißbrauch von Technik steht wohl ebenso am Pranger. So mißbraucht Fuller die Technologie für Sex, Vergewaltigung eines Geschöpfes durch eine Gottfigur:

> „[...] And not once I have cheated my wife"

Im generellen ist dieser Film eine Gegenüberstellung zwischen der Utopie per Computer eine Welt erschaffen zu können, welche sich autonom entwickeln kann. Die Dystopie tritt an der Stelle dieser Utopie entgegen, wenn die erschaffenen Bewohner dieser Welt sich ihrer Existenz bewußt werden, gleichzeitig aber so das Empfinden verlieren, in welcher Welt sie sich eigentlich befinden. Im Zusammenhang damit steht auch die Verantwortung der Schöpfer, die darin besteht, daß solch eine erschaffene Welt nicht einfach mehr abzuschalten ist, denn die Bewohner dieser Realitäten sind Menschen, erschaffen nach dem Ebenbild ihrer Schöpfer.

## 6.3   eXistenZ

Nach einem Attentat auf die berühmte Spieledesignerin Alegra Gellar findet diese sich auf der Flucht zusammen mit dem PR-Angestellten der Firma Ted Pikul wieder. Dabei muß sie herausfinden, ob ihr sogenanntes Gamepad beschädigt ist und muß sich deshalb in das Spiel begeben. Sie versucht dabei ihren Begleiter zu überreden, sich mit in die virtuelle Realität des Spiels zu begeben. Sind im Film *13$^{th}$ Floor* die verschiedenen Stockwerke noch als metaphorisches Konzept zu sehen, so wird der im folgenden besprochene Film bereits bewußt als Fahrstuhlfilm bezeichnet. Dies hat natürlich weniger mit der Assoziation von Langeweile zu tun, im Vergleich etwa mit Fahrstuhlmusik, sondern mehr mit den verschiedenen Ebenen der Realität auf welchen sich der Film Cronenbergs abspielt.    Dabei charakterisiert Murray Pomerance in seinem Essay den „Elevator Film" wie folgt:

> „The world is a set of skins, or shells, built up in strata, or 'parallel universes,' that are all simultaniously present to themselves, yet absent from one another. A character 'ascends' or 'climbs' to a 'higher level,' or ports to another 'level,' or travels through some highly technologized gateway from a present warehouse to some distinct and unearthly, but also, unlocated 'world.' I call the collection of these narratives, because smooth ascent to and descent from discernable levels is so central a feature of their structure, elevator cinema."[155]

Wichtigstes Element eines Fahrstuhlfilmes sind also verschiedene Realitätsschichten, innerhalb derer die Handlung stattfindet. Dabei muß eine der inneren Welten „exceptionally realistic" sein.[156] Im Gegensatz zur *Matrix*, deren virtuelle Realität nicht völlig autark von der sie umgebenden Realität abgeschnitten ist, stehen Filme, wie eXistenZ. denn in ihrem Aufbau von Realität gehen sie vom postmodernen Konzept, daß nichts außerhalb des Textes (Virtualität) existiert, aus. So wirkt die Realität von eXistenZ wie lauter Matroschkas, wie ein Treppenhaus, in welchem die Etagennummern entfernt worden sind und sich die Protagonisten in einem Labyrinth aus verwirrenden Eindrücken wiederfinden. Insofern wird auch der Film zu einer  Hülle, und mit genügend „suspense of disbelief" gehört die Welt des Kinozuschauers ebenso in das Konzept Cronenbergs. Insgesamt ist die Handlung des Filmes einem Computeradventure nachempfunden. Der Plot ist zwar vielschichtig und

---

[155] Pomerance: *Neither*. S. 1.

[156] Pomerance: *Neither*. S. 10.

teilweise verwirrend, jedoch passiert im Grunde genommen nicht viel.[157] Gerade weil der Zuschauer erst am Ende erfährt, daß der komplette Plot ein Spiel war, ist eXistenZ ein sehr gutes Beispiel für einen *Fahrstuhlfilm*. Ein weiteres Detail ist, daß Cronenberg wie in seinen vorherigen Filmen sich für die Verbindung von Technologie und Biologie interessiert, was als Referenz an McLuhans Medien als „extensions of man" erinnert.[158] Bereits im Film *Videodrome* hat Cronenberg versucht die McLuhanitische Verbindung wörtlich zu nehmen. Nach dem Boom des Internets und den aufkommenden Fragen über virtuelle Realität entstand schließlich der besprochene Film:

> „The notion of technology as an extension of the body is a consistent theme in the director's oevr [...] 'The farther and farther you get away from your body,' says Cronenberg, 'the less and less real things are. So I keep coming back to biology as a source of power, as source of creative energy.'" [159]

Im gleichen Interview meint Cronenberg zum Thema Realität und Virtualität:

> „I'm presenting a sort of reverse moralizing by showing the flaws in the argument that people can't see the difference between fantasy and reality. The real truth is that you'd have to prove that somebody who was absolutely stable can walk into a movie and come out a killer, and that's ridiculous."[160]

Mit dieser Aussage gewappnet, ist es möglich mehrere Reflektionen über Auswirkungen von Medien und virtuelle Realität ausgehend von diesem Standpunkt aus dem Plot heraus zu lesen. Durch die Feststellung Ted Pikuls, daß es in der virtuellen Realität ebenso chaotisch zuginge. Es wird deutlich, daß Freiheit in einer künstlichen Welt ebenso wenig frei ist, wie die angebliche wirkliche Welt.

> „Ted Pikul:
>
> > I don't like it here. I don't know what's going on We're both stumbling around in this uninformed world whose logic and rules and objectives are largely unknown, seemingly indecipherable, or even possibly non existent, always on the verge of being killed by forces that we don't understand."

Umso mehr wird dies deutlich, wenn am Ende des Films eine weitere Realität sich enthüllt. Indem alle Realitäten gleich sind, alle Realitäten nur konstruiert und nichts außerhalb des Textes existent ist, ist es tatsächlich unmöglich einen Kinofilm auf eine Weise

---

[157] Vergl. Pomerance: *Neither.* S. 1.

[158] McLuhan: *Understanding Media.*

[159] Cronenberg. Zit. nach Potter: *eXistenZ of Life.* www.

[160] Cronenberg. Zit. nach Potter: *eXistenZ of Life.* www.

ernstzunehmen, so daß er laut Cronenberg jemanden in einen „Killer" umwandle. So gesehen hat Cronenberg auch geschickt McLuhans „Medium is the message" in seine eigene
Nachricht aufgenommen.

Weil das Thema McLuhans im Zentrum des Films steht, liegt es nahe, Plotpunkt I
an der Stelle zu lokalisieren, an welcher sich Ted Pikul seinen ersten Bioport schießen läßt.
Cronenberg sagt über seinen Film, daß

> „For a movie that has no sex in it, it has a lot of sex in it."[161]

So ist unterschwellige Sexualität in einer Reihe mit anderen schleimig organisch, genetisch
gezüchteten Werkzeugen zu finden, z.B. die feminin wirkenden Gamepads. Auch erinnert
das Schießen eines Bioports, welcher zudem auch noch verseucht ist, an eine Entjungferung. Zudem wirkt Teds wiederholte Berührung des Bioports sexuell aufgeladen. Denn
obwohl sich der PP I an der Stelle des Attentats auf Allegra Gellar vermuten läßt, weist
doch Ted Pikuls „Entjungferung" vielmehr auf auf diesen hin. Der Eintritt in die virtuelle
Realität, die Unbehaglichkeit und die Unsicherheit Pikuls werden an dieser Stelle deutlich.

Je mehr sich der Film dem zentralen Punkt nähert, um so verwirrender und inkohä-
renter wird der Plot. So erschießt Ted Pikul ohne ersichtlichen Grund den Kellner mit einer
Pistole, dessen Munition sie gerade in Allegras Wunde gefunden haben. Obwohl er dies gar
nicht möchte, zwingt ihn das Spiel dazu. Weil die Erzählung aus der Sicht der Hauptdarsteller stattfindet, gleicht dessen Situation der Lage der Charaktere im Film. Er befindet
sich ebenso im Spiel, nur weiß er das erst am Ende. Am zentralen Punkt nähert sich die
Verwirrung dem Höhepunkt, als sich Allegra mit einem verseuchten Bioport in der virtuellen Realität verbindet und nicht mehr davon getrennt werden kann. Als die Trennung mit
viel Gewalt und Blut dennoch gelingt, scheint es jedoch nicht sicher, in welcher Realität
sich beide befinden. Wissen Allegra und Ted noch ob sie eigentlich sie selbst sind? Wehren
sich beide eigentlich noch gegen die sogenannten „Realisten", die sich gegen jegliche Art
von Spielen in virtueller Realität wehren?

Wie bereits erwähnt findet sich die Lösung am Ende des Films, die mit dem Plotpunkt II eingeleitet wird. Wenn Allegra Yevgeny Nourish erschießt, welcher zur Konkurrenz wechseln möchte, dämmert es dem Zuschauer langsam, daß er vielleicht die ganze
Zeit in die falsche Richtung dachte. Ein paar Minuten später finden sich Allegra und Ted in
der gleichen Kirche wieder zu, in deren Räumen sie sich am Beginn des Films befunden
haben. Nur haben sich deren Gamepads in ganz normale Plastiktechnologie verwandelt.

---

[161] Cronenberg. Zit. nach Potter. *eXistenZ of Life.* www.

Der Kreis schließt sich also: Während der Beginn des Films den Anfang eines Betatest von *eXistenZ* bildet, ist das Ende des Films zugleich auch das Ende des Spieles. Sicher sein kann sich aber keiner, denn als Allegra und Ted nun ihrerseits die Waffen ziehen und den Spieledesigner Yevgeny Nourish erschießen, wird die Bedeutung dieser Szene sofort noch bestärkt, wenn einer der Mitspieler verblüfft fragt, ob dies immer noch das Spiel sei.

Ebenso wie in der Matrix wird versucht, die Auffassung zu widerlegen, daß eine virtuelle Realität alle Freiheiten biete. Das dem nicht so ist , stellt der Film anschaulich dar. Im Gegenteil, durch die Verschiebung der Wahrnehmung, durch das Verlorensein in den einzelnen Realitäten wird der Begriff Freiheit schließlich relativiert.

## 6.4    Solaris

Seltsames geht auf der den Planeten Solaris umkreisenden Raumstation Prometheus vor sich. Es ist etwas, das mit dem normalen Menschenverstand nicht erklärt werden kann. Um die Ursache dieser Vorgänge aufzuklären, insbesondere eine merkwürdige Nachricht seines Freundes Giberian, sendet die Betreiberfirma den Psychologen Chris Kelvin zu ihrer Raumstation. Dort muß er feststellen, daß sein Freund Selbstmord beging, ihm eine weitere Nachricht hinterließ und daß die Besatzung langsam aber sicher verrückt wird, was besonders dem Besatzungsmitglied Snow anzusehen ist. Zuerst kann er sich keinen Reim auf die Vorgänge machen, doch spätestens, als er seiner toten Frau Rheya wiederbegegnet, muß Kelvin für sich die Frage beantworten, wann ein Mensch ein Mensch und welche Realität er zu akzeptieren bereit ist. Während das Produktionsdrehbuch Soderberghs noch sehr an den Film Tarkowskis und den  Roman Stanisław Lems angelehnt ist, konzentriert sich das Ergebnis schließlich auf die metaphysische und emotionale Ebene des Themas. Der Eindruck dessen verstärkt sich besonders für den Zuschauer, da der Film nur noch durch seinen Soundtrack und seinen langsamen Aufbau des Plots an den Film Tarkowskis erinnert, während sich die Bildsprache Soderberghs eindeutig an die von *2001 Space Odissey* anlehnt. Insbesondere dadurch unterscheidet sich *Solaris* von anderen Science Fiction Filmen, sei es durch die Langsamkeit der Darstellung, durch die nüchterne, jedoch keineswegs erschreckende Darstellung von Technik, und durch die psychedelischen Farben und Klänge. Insgesamt verabschiedet sich der Film also von der rational wissenschaftlichen Betrachtung Stanisław Lems:

> "The biggest difference between this incarnation of SOLARIS and the previous film and
> the novel is that our film details the past relationship between Kelvin and his wife—what
> happened to them on Earth years before. That's what I really wanted to get into. I felt if
> you were going to explore this idea of whether or not you're doomed to play out a relation-

ship the same way every time with the same person, then you had to see what happened to them before."[162]

Lem sieht dies zumindest im Roman überhaupt nicht so, sondern beschreibt die Darstellung der Liebe als Lüge:

"Der ewige Glaube der Verliebten und der Dichter an die Macht der Liebe, die dauerhafter sei als der Tod, jenes ‚finis vitae sed non amoris', das uns durch die Jahrhunderte verfolgt - das ist eine Lüge"[163]

Die zentralen Fragen des Films behandeln das Verhältnis von Menschsein und Realität im Zusammenhang mit dem Umgang mit dem essentiell Anderen. In diesem Sinne wird nicht nur nach der Existenz und dem Wirken Gottes gefragt, sondern nach den Folgen des schöpferischen Akts auf uns Menschen. So muß sich Chris entscheiden, ob die Reinkarnation seiner toten Frau aus seinen Träumen ein Mensch ist oder nicht. Besitzt Chris Kelvin die Chance seine Fehler aus der Vergangenheit in einer Art alternativen Realität wiedergutzumachen? In diesem Sinne sind auch die Werbezeilen zu verstehen, mit denen der Film zwar reißerisch aber treffend beschrieben wurde:

„There are some places man is not ready to go! [und] How far will you go for a second chance?"[164]

Aber auch der Beginn des Filmes zeigt, wie eine Patientenrunde zu dem Ergebnis kommt, daß die sie umgebende Welt nicht real sei und es wird daher schon an dieser Stelle das Thema des Filmes vorgegeben, in welche Richtung er versucht zu argumentieren. Interessant ist auch, wie der Dualismus von Realität und Virtualität in den unterschiedlichsten Formen im Film wiederholt bedient wird. Bereits am Plotpunkt I wird dies deutlich, als Kelvin beim Eintreffen auf der Station ein Kind sieht, welches dort eigentlich nicht hingehört. Durch die Videonachricht Giberians erfährt Kelvin wenig später, daß er keinen Geist gesehen hat und auch nicht wahnsinnig ist. Im Verlauf werden dem Zuschauer zwei weitere Mitglieder der Besatzung vorgestellt. Auf der einen Seite ist dies Snow, welcher extrem schizophren und emotional wirkt und auf der anderen Seite Gordon, die wiederholt versucht, auf einer rationalen Basis einer Wissenschaftlerin weiterzuleben und das Phänomen zu begreifen.

Die zentrale Frage von Realität und des Verhältnisses der Menschen zu dieser fulminieren in der Darstellung des Problems, ob es eine bewußte Entscheidung für oder gegen

---

[162]  Soderbergh. Zit. nach Zielonka: *clooneyfiles.com.* www
[163]  Lem. Zit. nach Christina Nord. *Kommentar.* S. 31.
[164]  Internet Movie Database. *Solaris. Taglines.* www.

eine alternative Realität geben kann. Oder stellt eine positive Entscheidung eine Flucht dar? Durch die Darstellung des Planeten als metaphysisches, mit normalen wissenschaftlichen Mitteln nicht greifbares Phänomen ist die Raumstation als religiöser Himmel, als Ort für das Leben nach dem Tode zu begreifen. Fraglich ist nur, ob Kelvin, der immer rational zu bleiben versucht und das Irrationale mit Tabletten bekämpft, dies annehmen kann. Zentral im Film steht das antithetische Gedicht von Dylan Thomas, das sich mit dem Verhältnis von Leben und Tod auseinandersetzt und dessen drei Strophen das Vergängliche des Lebens, den Prozeß des Sterbens und schließlich die Auferstehung oder Reinkarnation beschreibt. Der zentrale Punkt des Filmes wird mit diesem Gedicht eingeleitet. Kelvin versucht durch die bewußte Gegenüberstellung von Leben und Tod, durch die bildliche Darstellung der Antithesen Knochen und Sterne, Wahnsinn und Vernunft, Sinken und Steigen seinen Konflikt zu bewältigen. Indem Soderbergh schließlich das Gewicht auf den Satz „lovers be lost love shall not"[165] legt, bereitet er den Zuschauer auf die Entscheidung Kelvins vor.

Ausgehend von einem rationalen Standpunkt hin zum Emotionalen, eingeleitet durch das Gedicht von Dylan Thomas, entscheidet sich Chris Kelvin schließlich für die alternative Realität. Vorbereitet wird dies nicht nur durch das Erscheinen Rheyas, sondern auch durch das Auftauchen Giberians taucht nach dessen Tode:

„Giberian:

You think you're dreaming me.

Chris Kelvin:

You're not Gibarian.

Giberian:

No? Who am I then?

Chris Kelvin:

A puppet.

Giberian:

And you're not? Or maybe you're my puppet. But like all puppets you think you're actually human. It's the puppets dream, being normal."

Der Film begreift also Leben nach dem Tod nicht als Flucht, sondern als Chance. Indem er Kelvin auf die gleiche Höhe wie Giberian stellt, nimmt er diesem das Geisterhafte und gibt Kelvin die Chance sich für Rheya zu entscheiden. Fragt sich die reinkarnierte Rheya wiederholt, ob sie denn real sei, steht dem gegenüber ob nicht vielleicht Chris Kelvin nicht ebenso irreal sein kann?

---

[165] Thomas: *Collected Poems.*

Zuerst ist Kelvin jedoch noch nahe daran, der Rationalität gegenüber der Liebe zu Rheya und der mit dieser im Zusammenhang stehenden virtuellen Realität den Vorzug zu geben, indem er zusammen mit Gordon das Schiff verlassen möchte. Die Entdeckung mit welcher PP II eingeleitet wird, daß Snow ein „Visitor" ist, der seinen Gastgeber umbrachte, und die Reaktion Gordons, macht die Entscheidung Kelvins hinfällig:

> „Snow:
>
> > He attacked me. There I am - somehow, there I am - and I couldn't tell you... couldn't tell you how I'm there or who I am or what's going on. But before I can get to that, what's this over here - coming at me? [...] Oh, I see, you're trying to kill me. [...] I survived the first thirty seconds of this life...[...] by killing someone. And, oh, ah, by killing someone who happens to be me. [...] However, this is at least, this is an incredible opportunity. This is a... what if this is a... this is a gift? I'm a gift. Hey.
>
> Gordon:
>
> > I say we use the Higgs device on him."

Nur weil Snow eigentlich einem verständlichen Bedürfnis von Selbsterhaltung folgte, jedoch kein Mensch im eigentlichen Sinne ist, möchte Gordon ihn nun ihrerseits umbringen. Erstens stellt sie dies auf die Ebene von Snows Gastgeber, der ohne nach Gründen zu fragen gleich tötete. Zweitens wird durch ihre Reaktion Kelvin an sein Verhalten erinnert, als er seinerseits die zuerst erschienene Rheya in das Weltall beförderte. Ist also die Entscheidung Cyphers aus der Matrix für die virtuelle Realität im eigentlichen nichts weiter als eine Flucht und eine Entscheidung gegen die Menschlichkeit, liegen bei Kelvin die Dinge anders. Er entscheidet sich für die Liebe und für die Vergebung und somit für die Menschlichkeit. Daher ist die virtuelle Realität in Solaris auf einer anderen Ebene anzusiedeln als in der Matrix, was durch die abschließenden Worte Rheyas deutlich wird:

> „ Chris Kelvin:
>
> > Am I alive, or dead?
>
> Rheya
>
> > We don't have to think like that any more. We're together now.
> > Everything we've done is forgiven. Everything."

Chris Kelvins positive Entscheidung für die virtuelle Realität zeigt eine entgegengesetzte Reflexion auf virtuelle Realität, was im Gegensatz zu den vorhergehenden Filmen steht. Das rationale Moment, verkörpert durch den Charakter von Gordon, ist die Dystopie in diesem Film. Die Utopie überwiegt durch die Aussage, daß die virtuelle Realität keine falsche Realität darstellt, keine Flucht, sondern sie spielt mit dem Gedanken des ewigen Lebens als wünschenswerten Menschentraum.

# 7    Kontrolle, Verantwortung in Wargames

*Wargames* aus dem Jahr 1983 ist einer der ersten Filme, die sich mit dem Thema Cyberspace und den aktuellen Konzeptionen von Kontrolle und Verantwortung in der Beziehung Mensch-Maschine auseinandersetzen. Im Unterschied zum Cyberpunk ist *Wargames* aber keine Science Fiction im herkömmlichen Sinne, sondern spielt in der Gegenwart und stellt mögliche Risiken zeitgenössischer Technologie dar. Dadurch ist es möglich, den Rahmen dieser Beziehung zwischen Mensch und Maschine verstärkt in das Bewußtsein der Zuschauer eindringen zu lassen.

Der IBM-PC ist gerade ein Jahr alt, statt Windows benutzt man das PC-DOS in der Version 2.0 oder eine Form von Unix, und der berühmte Heimcomputer Commodore C64 begann erst seinen Höhenflug. Die Entwicklung des DARPA steckte noch in den Kinderschuhen und erste Modems gab es als Akustikkoppler. Ebenso wie der Cyberpunk beschäftigt sich der Film *Wargames* mit der Beziehung zwischen Mensch und Maschine. Der Protagonist wird dem Publikum als typischer Jugendlicher aus der amerikanischen Mittelschicht vorgestellt. Das Zimmer Davids ist technisch glaubhaft und modern ausgestaltet.[166] Um seiner Mitschülerin Jennifer zu imponieren, loggt er sich in einen fremden Computer ein, um ihr einige Computerspiele zu zeigen. Dabei ist beiden zuerst nicht bewußt, daß dieser Rechner ein intelligenter Militärcomputer ist, welcher einzig dazu entwickelt wurde, Entscheidungen selbständig zu treffen, um als primäres Ziel alle Arten von Kriegsszenarios zu gewinnen. Zu diesem Zweck sind verschiedene Spiele installiert. Nachdem es zu einem menschlichen Versagen während eines Probealarms kommt, wird der Computer auch für die Kontrolle der Atomraketen eingesetzt. Während beide jugendlichen Charaktere der Meinung sind, daß sie sich in einem Computerspiele befinden, lösen sie beinahe den Dritten Weltkrieg aus. In diesem Sinne steht *Wargames* in der Tradition von Filmen, wie *Dr. Strangelove* von Stanley Kubrick und stellt das Thema Cyberspace in die aktuelle nukleare Bedrohung.

Wieder folgt die Struktur des Plots den aufgeworfenen Fragen über Kontrolle und Verantwortung. So ist der erste Plotpunkt ausdrücklich an der Stelle des Filmes zu finden, an welcher die militärischen Mitarbeiter gegen den Computer ausgewechselt werden, um ein zukünftiges Versagen zu vermeiden. Im Kontrast dazu wird in einer Montage gezeigt,

---

[166]  Der Computer ist ein IMSAI 8080 mit einem IMSAI FDC-2 8" Floppy-Diskdrive. Er benutzt ein 1200 baud Modem 212A von Cermetek, der Akustikkoppler wird nur verwendet, um die Verbindung zwischen Telefon und Computer deutlich zu machen. Die Technik, welche David anwendet, gibt es wirklich. Sie wird Wardialing genannt. Matthew Broderick programmierte übrigens eine Sequenz, die alle Eingaben von David simulierte. Vergl. Fischer-Freitas: *The official IMSAI Website.* www.

wie sich David in den Schulcomputer einloggt, um seine eigene Note und die von Jennifer zu ändern. Dies wirkt deshalb so brisant, weil kurz vorher Beringer mit McKittrick über die Sicherheitslage des Landes im Zusammenhang mit menschlichem Versagen diskutierten.

> „General Beringer:
>> We've had men in those silos since before any of you guys were watching 'Howdy Doody'! Now I myself sleep pretty well knowing those boys are down there.
>
> [...]
>
> General Beringer:
>> Gentlemen, I wouldn't trust this overgrown pile of microchips any further than I can throw it."

Auf Betreiben McKittricks wird der Computer jedoch eingesetzt, um menschliches Versagen auszuschließen. Das Problem ist aber weniger menschliches sondern letztendlich technisches Versagen. Der Mittelpunkt des Filmes zeigt schließlich Davids Eindringen in den Computer mittels eines vergessenen Administratorkontos, der nun das Spiel „Thermonuklearer Krieg" startet. Es ist deshalb der zentrale Punkt, weil an dieser Stelle die zur Zeit des Films herrschenden Fragen bezüglich Technologie reflektiert werden. Erstens wird so gefragt, warum es der Junge überhaupt schaffen konnte in den Computer einzudringen. Warum überhaupt läßt man solch eine offene Tür, eine Backdoor, so der Fachausdruck, in einem System. Auch wird an dieser Stelle klar gezeigt, daß der unbegrenzte Glauben an die Sicherheit jedes technischen Systems unbegründet ist. Deshalb meint David auch:

> „David:
>> Hey, I don't believe that any System is totally secure."

Auf der anderen Seite wird durch diese Stelle schon ein Generationskonflikt deutlich, indem die ältere Generation nicht zuhört. Davids Eltern werden als normale Amerikaner aus der Mittelschicht dargestellt, die ähnlich wie Jonathan Lebeds Eltern[167] nicht wissen, was der Sohn eigentlich mit dem Computer so anstellt. Davids Zimmer ist eine eigene Welt. Dies ist besonders daran zu erkennen, daß David gerade mitten im Spiel, welches eigentlich keines ist, unterbrochen wird. Er hat wieder mal den Müll nicht rausgestellt. Genauso ergeht es ihm nach seiner Verhaftung im NORAD Komplex. Es wird ihm nicht zugehört, denn auch hier spielt der Generationskonflikt eine Rolle. Insgesamt besteht das Problem

---

[167]   Vergl. Kapitel 3.3.2

darin, daß durch die Unwissenheit oder Ignoranz der älteren Generation gegenüber der jüngeren eine potentiell gefährliche Situation hervorgerufen wird.

Nachdem David und Jennifer Dr. Falken erfolglos um Hilfe gebeten haben, scheint die Lage aussichtslos. Denn sie haben die letzte Fähre verpaßt und Dr. Falken, der Programmierer des Computers will die Verantwortung für sein Tun nicht übernehmen. Im Gegenteil, er argumentiert mit dem gleichen Argument, welches auch schon in der Matrix auftaucht, nämlich der Evolution. Wenn er sagt:

> „Stephen Falken:
> [...] Nature just gave up and started again. We weren't even apes then.
> [...] And when we go, nature will start over. [...] Nature knows when to give up, David"

meint er natürlich nicht nur den Computer, sondern auch die vorherrschende Angst vor atomarer Vernichtung. Es ist jedoch deutlich auch der Einsatz von immer höherer Technik zum Schutz des Menschen gemeint. Technologische Aufrüstung muß nicht unbedingt mehr Sicherheit bedeuten, so das Fazit des Films. Die Hoffnungslosigkeit und die Zwecklosigkeit im Gespräch von David und Jennifer machen deutlich, nachdem David Jennifer gestanden hat, daß er nicht schwimmen kann. Als beide sich wie zum Abschied küssen möchten, nimmt der Film endlich mit dem Plotpunkt II eine positive Wende, denn Falken taucht plötzlich mit einem Hubschrauber auf.

Nach wie vor bleiben die Zeilen „Shall we play a game" beängstigend aktuell, so sind sich zumindest die Kritiker der schönen neuen Internetwelt einig. Die Dystopie dieses Films, welche in dem Moment einsetzt, in welchem der Computer die Kontrolle übernimmt, bleibt in Zeiten von Viren und Würmern bestehen. Aufgrund dessen sind die zentralen Fragen des Filmes, welche Verantwortung als Programmierer zu tragen ist, und inwiefern es ethisch vertretbar ist, sich auf eine einsame Insel zurückzuziehen. Weiter fragt der Film nach den Kontrollmechanismen in Technologien und gibt die jedem Ingenieur bekannte Antwort, daß immer ein Mensch an einer lebenswichtigen Entscheidung zu beteiligen ist. Wer sich z.B. beim Betrachten des Filmes die Frage stellt, warum Falken nicht von vornherein dem Computer beibrachte, den Sinn des Spieles Tic Tac Toe zu erkennen, mag auch die Parallele zu anderen programmiertechnischen Versagen ziehen, beispielsweise dem Problem des Jahres 2000.

In diesem Film treffen Utopie und Dystopie in der Auseinandersetzung über die Schaffung und Kontrolle eines Supercomputers aufeinander. Ein weiterer Punkt ist der in diesem Sinne behandelt wird, ist über die Sicherheit eines technischen Systems, was eng mit dem Kontrollaspekt zusammenhängt. Diese Probleme erreichen aber erst eine kritische Masse, als die Kommunikation zwischen älterer und jüngerer Generation nicht mehr funktioniert. Erst als sich Dr. Falken entschließt, den beiden Jugendlichen zuzuhören, entspannt sich die Lage.

# 8    Das Internet

Seit Beginn der massiven Verbreitung des Internets, vor allem in den USA, zunehmend aber auch weltweit entstehen die verschiedensten Impressionen und Bilder über das Medium Internet. In diesem Zusammenhang fällt auf, daß die Gruppe der Reflektierenden stark polarisiert ist. Besonders die Nichtnutzer des Internets fühlen sich durch die Verbreitung des Internets bedroht. Deren Ängste werden durch die traditionellen Medien oftmals in polemisierter Form weitergegeben und Vorurteile werden dabei geschürt. Wiederholt werden dabei Schlagwörter verwendet, die schon in anderer Hinsicht als Medienkritik eingesetzt werden. So ist die Angst vor Anonymisierung und Vereinsamung des modernen Großstadtmenschen nicht neu, verstärkt noch durch das Internet. Ein weiteres vielzitiertes Schlagwort ist das vom gläsernen Nutzer, das den Hinweis auf Orwells Roman *1984* enthält. Auf der anderen Seite gibt es den Nutzer des Internet, welcher sich durch Kenntnis des Mediums und daraus folgender Kompetenz zwar nicht sicher fühlt, jedoch nicht mit den Kritikern des Mediums übereinstimmt. Ganz im Gegenteil empfindet dieser Nutzer die beschriebenen Nachteile sogar als Vorteil für sich, denn die Anonymisierung gibt ihm oder ihr auch die Chance sich als Individuum neu zu definieren, Freunde über neue Kanäle zu finden. In diese Debatte mischt sich schließlich auch Hollywood mit verschiedenen Filmen, wie *Hackers*, *Password Swordfish* oder *The Net* ein, wobei *The Net* zentral für die Dystopien über das Internet steht. Auf der anderen Seite stehen Filme, wie das *Shop around the Corner* Remake *Em@il Für Dich*, dessen vergnügliches Spiel mit Identität und Verwechslung keineswegs dystopisch ist. Im folgenden sollen deshalb beide das Thema kontrastierenden Filme im Hinblick auf Utopien und Dystopien besprochen werden.

## 8.1 The Net

Die junge hübsche Programmiererin Angela Bennett lebt allein in einer Vorstadtsiedlung von Los Angeles. Sie lebt ihr gesamtes Leben im Internet. Sie bestellt ihre Pizza dort, sie chattet mit Freunden in einer virtuellen Gemeinschaft. Ihre Nachbarn kennen sie nicht und ihre Mutter leidet an Alzheimer. Ihr Leben wird auf den Kopf gestellt, als sie eines Tages auf eine Sicherheitslücke trifft, welche, wenn mißbraucht, unheimlichen Machtzuwachs durch Datenmanipulation bedeutet. Aus diesem Grund wird sie mit dem Verlust ihrer Identität erpreßt, um zum Schweigen gebracht zu werden. Der Film spielt in einer Gegenwart, in welchem Schritt für Schritt Computern begegnet werden kann. Diese ständige Präsenz von Technologie wird ergänzt durch die Möglichkeit gehackter Mobiltelefone, Barcodescannern, Modems und Internetchats.

Der Film *The Net* von 1995 zeigt ein ziemlich junges Medium mit drastischen Auswirkungen auf das Leben der Allgemeinheit, wobei das Gewicht auf den dystopischen Vorstellungen vom Internet liegt. Zwar hatte das Internet zu dieser Zeit starke Wachstumsraten in der Benutzung zu verzeichnen, jedoch wußte ein großer Teil der Bevölkerung noch nicht, wie das Internet funktionierte, geschweige denn, daß man eine dieser Maschinen sein eigen nennen konnte. Insofern ist es auch nicht verwunderlich, daß die damalige Stufe von *Suspense of Disbelief* ziemlich niedrig war und Angelas Anonymität niemanden weiter verwunderte. Dabei scheint es ziemlich unglaubwürdig, daß wirklich kaum einer sie erkennen vermochte und daß deshalb nur zwei Menschen umgebracht werden mußten, die Angela wiedererkennen konnten.

Die Folge ihrer Anonymität ist eine weitere zentrale Reflektion über das Internet, welche im Film zum Tragen kommt. Zusammen mit der Darstellung des massiven Identitätsverlustes, welchen Angela erleiden muß, zeigt der Film eine generelle Unsicherheit in das Vertrauen in die Sicherheit von Daten. Überall, wo Computer eingesetzt sind, wird manipuliert. Der Film versucht die verschiedenen Gebiete des Einsatzes von Computern und die Auswirkungen dessen zu zeigen, mit oft fatalen Folgen. Computer löschen nicht nur Daten, sondern töten indirekt, wenn sie mit entsprechender Absicht verändert werden. So kann Veränderung von Daten das Gemeinwesen komplett unterwandern, der angebliche FBI Agent stellt sich als Betrüger heraus, keinem ist mehr zu trauen, eine allgemeine Paranoia stellt sich ein. Wichtig ist an dieser Stelle die Rolle von Dr. Alan Champion, der einzige Freund Angelas, welcher in Bezug auf das Internet und Computer ziemlich unwissend ist und er daher belehrt in dieser Richtung belehrt werden muß. Unglücklicherweise stirbt er wenig später an den Folgen der Unwissenheit anderer.

Manche Szenen sind so frappierend beunruhigend, weil sie direkt aus dem Buch *1984* entnommen sein könnten. So wird auch das Gedächtnis der Menschen verändert wenn die Daten im Computer manipuliert worden sind. Als Alan im Krankenhaus liegt, weil er die falschen Pillen genommen hat, verordnet natürlich durch einen Computer, steht in seiner Akte erst, das er an Diabetes leide. Wenig später erklärt die gleiche Krankenschwester, daß eine anderen Krankheit die Ursache für sein Leiden ist. Durch einen Eingriff in sensible Daten wurde Alan somit getötet, und wie sich später herausstellt, auch der Senator, der gegen einen allumfassenden Einsatz eines Programmes gestimmt hatte.

Nicht weiter verwunderlich ist es, daß die Handlung kaum im Internet, sondern in der Realität stattfindet. Deshalb spielen die Plotpunkte wiederum eine große Rolle in der Darstellung der oben genannten Reflektionen des Filmes. Am Anfang des Filmes häufen sich auf den ersten Blick zufällige Ereignisse, die nicht miteinander verbunden zu sein scheinen, nämlich der Absturz des einmotorigen Flugzeuges, der Selbstmord des Abgeordneten, das Chaos am Flughafen. Ein aufmerksamer Zuschauer bemerkt jedoch, daß jeweils nicht nur Computer mit im Spiel sind, sondern spätestens am Flughafen erscheinen die zwei Akteure, Angela und Jack in einem Bild. Nach dieser Einstellung funktioniert auf einmal wieder alles und Angela schafft auf wundersame Weise ihren Flug, obwohl sie sich verspätet hatte. Spätestens als Jack Angela verführt, beginnt der Zuschauer zu merken, daß nicht alles mit rechten Dingen zuzugehen scheint, was zur Gewißheit wird, als Jack am Plotpunkt I der Handlung den Dieb von Angelas Handtasche erschießt. An dieser Stelle wendet sich das Blatt für den Zuschauer, er weiß nun, daß die im Aufbau geschilderten Ereignisse nicht zufällig sind, sondern einen Namen haben, nämlich Jack. Zweitens ist diese Stelle wichtig, weil nach diesem Punkt die bisher erhaltenen Informationen über Angelas Lebensweise eine neue Gewichtigkeit bekommen. Zwar hat die Technologie durchaus ihre Vorteile, z.B. das bequeme Bestellen der Pizza über das Internet, die Treffen der Freunde, welche weite Distanzen überbrücken, jedoch bereitet der Schuß Jacks eine Folge von Ereignissen ein, die mit Jacks Wiederholung seines Statements im Internetchat enden. Aus einer angeblich harmlosen Technologie wird lebensbedrohendes Chaos.

Nachdem Angela nicht nur ihren Namen, ihr Eigentum, ihre Identität sondern auch ihre Freunde verloren hat, kommt es zum ersten Aufeinandertreffen der Rivalen auf einem Rummelplatz. Es gibt einige Filme, in denen Rummel, Umzüge, Karneval oder dergleichen eine metaphorische Bedeutung erhalten. Zumeist bedeuten sie, daß der Held des Films in ein unentwirrbares Chaos gestürzt wurde. Obwohl also dieser Film zumeist *IRL*[168] spielt, leistet er Aussagen über das Internet. An dieser Stelle ist es die Rummelplatzmetaphorik, die das Internet einerseits als bunt darstellen und für die Masse der Menschen als harmlos. Anderseits ist diese Buntheit nicht wirklich, genau wie ein Rummel am nächsten Tag abgebaut werden kann, verwandelt sich das Internet in einen Ort an dem es verwirrend und gefährlich ist. Auf der einen Seite ist das Internet ein großartiger Ort für Anonymität und es macht Spaß an einer Art Maskenball teilzunehmen, für kurze Zeit ist möglich der Clown zu sein, auf der anderen Seite kann diese Anonymität die Identität kosten. Genau wie ein Rummelplatz unzählbare Schlupflöcher bietet, ist das Internet ebenso verzweigt und es ist möglich darin verloren zu gehen. Kollisionen sind unvermeidlich. Deshalb ist die Rummelszene der zentrale Punkt in der Handlung. Das Internet bekommt an dieser Stelle seine Charakterisierung und Jack konfrontiert im Zusammenhang dieser Szene Angela mit seinen Motiven, nämlich daß das Internet ihm zum ersten Male die Chance gibt jemand zu sein, während Angela das Hindernis in dieser Selbsterfindung ist.

Am Plotpunkt II kommt es schließlich zur Auflösung des Rätsels. Nachdem Angela als Ruth Marx verhaftet worden ist trifft sie im Internet auf die Gefängnispsychologin. Interessanterweise gehörte ihr durch einen Computerfehler im Krankenhaus verstorbener Freund dem gleichen Berufsstand an, welcher sich zumindest in diesem Film durch eine erstaunliche Unkenntnis des Mediums Internet auszeichnet. Auch die Gefängnispsychologin wähnt sich in Sicherheit, ihr Vertrauen in Technologie ist nicht gebrochen. Weil ein neues Programm installiert wurde, gibt sie Angela zu verstehen, es sei absolut kein Grund zur Befürchtung vorhanden. Der Name des Programms aber ist wie eine Erleuchtung für Angela, welche nun plötzlich versteht, welchen Zusammenhang die gesuchte Diskette und ihre abhanden gekommene Identität hat. Durch dieses sogenannte Torwächterprogramm ist es möglich, sämtliche Daten zu verändern. Auf einmal hat die Heldin des Filmes eine Chance, sie hat einen konkreten Gegenspieler, von dem bisher zwar das Publikum, nicht aber Angela wußte.

Schon zu Beginn des Films sollten dem Zuschauer gewisse Einzelheiten in das Auge fallen, denn die Zweiteilung des Films in Gut und Böse funktioniert nicht nur auf personaler Ebene. So verwendet Angela für ihre Trips im Internet jeweils einen Applecomputer, während die Firma Cathedral PCs verwendet. Wichtig ist dabei in diesem Zusammenhang, daß Applecomputer für Unabhängigkeit standen, etwa die Rolle, welche heute die *Open-*

---

[168] IRL. Eine der Abkürzungen, welche in den unzähligen Internetchats verwendet wird. Sie bedeutet „In real life" oder auf deutsch: „Im wirklichen Leben".

*Source-Bewegung*[169] eingenommen hat. Dagegen steht das Betriebssystem Windows, dessen Hersteller Microsoft aus verschiedensten Gründen Zielscheibe massiver Kritik aus dem Bereich der Hackerkultur ist. Am Plotpunkt II wird der Bereich der Mis-en-Scene und der *Telling Names* erst richtig deutlich. So steht der Name der Firma „Cathedral" für ein Netzwerkmodell, das dem Internet völlig zuwider läuft, nämlich ein Zentralrechner mit vielen Client-Computern[170]. Außerdem kann man den Namen des „Torwächterprogrammes", im Englischen „Gatekeeperprogramm", durchaus auf Bill Gates Familiennamen münzen, umso mehr, als daß der Darsteller des Charakters Jeff Gregg, nach dem Aussehen von Bill Gates gecastet zu sein scheint. Zusätzlich trägt die Firma, welche Jeff Gregg leitet, den Namen „MicroSystems", ein Verweis auf die Firma Microsoft. Auch die Hauptdarsteller besitzen Tellingnames, die zwischen Gut und Böse unterscheiden: Der Engel Angela kämpft gegen den Teufel Devlin.

Wird der einsiedlerische Zustand der Hauptdarstellerin am Anfang des Filmes noch durch die Umgebung von Computer und Modem dargestellt, mit einem dramatischen Schwenk vom Laptop auf die Telefonsteckdose, die Angelas einzige Verbindung zur Außenwelt darzustellen scheint, vollzieht sich am Ende des Films ein Paradigmenwechsel. Aus ihrer Erfahrung, lernt die Heldin des Films. Der Kameraschwenk vom Anfang wird umgedreht. Eine Totale auf den Bildschirm löst sich schließlich in ein farbenprächtiges Blumenbeet auf. Am Ende des Filmes ist Angela nicht mehr länger der Nerd, welcher seine Tage nur vor dem Computer verbringt. Der Film hat eine eindeutig dystopische Sicht auf die Nutzung des Internet und auf die Speicherung persönlicher Daten. Insofern bietet er als Lösungsangebot auch nur die Nichtnutzung des Internet.

## 8.2   You've got M@il

Auch im Remake des Klassiker *Shop around the Corner* von Ernst Lubitsch nimmt eine Form des Internets eine zentrale Stelle ein. Während sich Alfred und Klara noch Briefe im Budapest der vierziger Jahre schreiben, wird die Handlung des aktuellen Films in das New York der neunziger Jahre versetzt. Im Mittelpunkt der Handlung stehen die zwei Protagonisten, die sich E-Mail schreibend in einander verlieben. Das Problem, welches dabei von beiden überwunden werden muß, ist, daß Kathleen und Joe sich nur unter dem Pseudonymen *Shopgirl* und *NY152* kennenlernen, aber während ihrer Konversation per elektronischer Post nicht erfahren, wer der andere wirklich ist. Kathleen besitzt einen

---

[169] Open Source. Das ist ein Name für ein Lizensierungskonzept. Normalerweise wird der Quellcode unter Verschluß gehalten, damit keine Raubkopien hergestellt werden können oder damit keine ähnlichen Programme als Konkurrenz auftreten können. Open Source wird auch als eine Form von Redefreiheit angesehen.

[170] Client. Das ist ein Computer, der auf einen Server zugreift, der Daten bereitstellt.

kleinen Kinderbuchladen, welcher durch die Eröffnung des Kaufhauses einer Buchhandels-
kette, dessen Besitzer Joe Fox ist, bedroht wird. Natürlich stellt der Film ein idealisiertes
und romantisches Bild vom Leben in New Yorks Village dar, zwischen Zabar's und Star-
bucks, zwischen Central Park und Cappuchino.

In dieser Darstellung steht jedoch an zentraler Stelle die Kommunikation per E-
Mail. So sind schon allein die parallel laufenden Handlungsstränge der Liebesgeschichte
von *Shopgirl* und *NY152* einerseits und der Geschichte des Bankrottes von Kathleens
kleinem Laden durch den übermächtigen Konkurrenten andererseits eine Darstellung der
Unterschiede zwischen virtuellem und realem Leben. In der Realität sind beide Kom-
munikationspartner Feinde nur im Schutz der Pseudonyme entdecken beide ihre Liebe hinter den Feindseligkeiten. Auch der Unterschied zwischen Frank und Kathleen fällt eindeutig aus. Während sie mit moderner Computertechnik vertraut ist, obwohl sie ja einen
klassischen Buchladen führt, ist es ihr Lebenspartner Frank, welcher sich nicht von seinen
Schreibmaschinen trennen kann. In diesem Sinne ist es also weniger das schlechte Gewissen Kathleens, mit *NY152* per E-Mail fremdzugehen, zumal ja ständig betont wird,
daß dies alles nur virtuell und damit nicht wirklich sei, sondern ihre Nutzung des Computers. Auch an anderer Stelle wird diese Art von Nostalgie zwischen alten und neuen Medien
deutlich, indem die Referenz auf den Vorgängerfilm im ersten Gespräch zwischen Schuy-
ler, Nelson, den beiden Geschäftspartnern von Joe  und diesem selbst realisiert wird:

> „Joe:
>
>                      You wrote her letters?
>
> Schuyler:
>
>                      Mail. It was called mail.
>
> Nelson:
>
>                      Stamps. Envelopes.
>
> Joe:
>
>                      Wait. I've heard of it. It was a means of communication before I was  born.
>
> [...]
>
> Schuyler:
>
>                      Cecilia had beautiful penmanship. [...]"

In einer ihrer E-Mails beschreibt Kathleen dann auch die Unterschiede zu klassischen Medium Brief, indem sie betont, daß ihre E-Mails stets unvermittelt und wie mitten aus  einem
Gespräch heraus geschrieben seien. Sie ordnet mit dieser Aussage das Medium E-Mail in
einer neuen Art des Schreibens und Kommunizierens ein, sie weist auf die Elemente des
Mündlichen im neuen Medium.

Betrachtet man die Struktur des Plots betrachtet, wird wie bei allen anderen Filmen Struktur die zentrale Reflektion deutlich. So befindet sich Plotpunkt I an jener Stelle, an welcher Frank seine Schreibmaschine mit sehr viel Emotion vorstellt. Diese bereits beschriebene Szene ist nicht nur wegen oben genannten Gründen für die Betrachtung wichtig, sondern auch, weil sie just an dem Zeitpunkt in den Plot gefügt wurde, an dem Kathleen sich mit dem neu entstehenden Fox-Bookstore auseinandersetzen muß.

Schließlich kommt der Punkt in der Kommunikation zwischen *Shopgirl* und *NY152*, an dem beide die sich auferlegte Regel über die Bewahrung der virtuellen Identität durch das Verschweigen persönlicher Details brechen und sich treffen wollen. Der zentrale Punkt des Plots ist deshalb in dem Moment zu erkennen, in welchem Joe Fox erkennt, wer Shopgirl wirklich ist. Zumindest auf seiner Seite verschmelzen nun beide Stränge des Plots miteinander und es kommt zum Konflikt. Am zentralen Plotpunkt wird deutlich, welche Folgen das Spiel mit Identität mit sich bringen kann. So sinniert Joe darüber, wie er diese Identitätsoffenbarung verkraften wird, ob er das Körperliche mit dem Geistigen vereinbaren kann. Er fragt sich, ob er die Beziehung wirklich auf eine andere Ebene heben kann, wenn die beide Identitäten miteinander kollidieren. Insofern ist das sich entspinnende Gespräch zwischen Joe und Kathleen ein Gespräch über Identität und die Erwartungen, welche an die Identität des jeweils anderen gestellt werden.

Erst als sich Kathleen ihren Laden nicht mehr weiterführen möchte und beschließt ihr Geschäft aufzugeben, kann sich der entstandene Konflikt auflösen. In den Szenen, welche dem Plotpunkt II vorausgehen, werden aber auch die Identitäten der Partner offenbar. Es zeigt sich, daß Kommunikation per E-Mail nicht die einzige Möglichkeit ist ein konstruiertes Bild voneinander zu haben. Natürlich erkennt Joe manche Charaktereigenschaften seiner Freundin Patricia durchaus, „She makes Coffee nervous.“ Ebenso kennt Kathleen den Spleen ihres Partners über Schreibmaschinen. Dennoch müssen beide feststellen, daß das Bild von ihren Partnern ein gänzlich anderes ist und genausowenig der Wirklichkeit entspricht, wie die durch Worte einer E-Mail konstruierte Persönlichkeit. So folgt auf die Schließung des Ladens die Trennung der Partner. Der Weg für Plotpunkt II ist freigegeben. Deshalb ist dieser an der Stelle zu finden, an welcher Joe sich entschließt, Kathleen zu besuchen, die nun nicht mehr eine geschäftliche Konkurrenz darstellt. Unbewußt verschmelzen am Ende des Filmes für Kathleen die Identitäten von Joe und *NY152* und dem Happy End steht nichts mehr im Weg.

Im Gegensatz zu den meisten Filmen, welche das Internet reflektieren, ist *You've got M@il* ein das Internet durchweg positiv betrachtender Film, obwohl auch hier die anderen Seiten des Internets kurz angeschnitten werden, aber keinen Einfluß auf das emotionale Empfinden des Zuschauers haben, weil sie überwiegend ironisiert dargestellt sind. So meint George, daß das Internet nur ein anderer Weg sei, von Frauen verschmäht zu werden und Birdie meint nur, daß sie bei Cybersex ein Besetztzeichen bekäme. An einer anderen Stelle wird mit dem zentralen Thema der Identität gespielt, indem vermutet wird, ob Kathleens Verehrer vielleicht der *Rooftopkiller* sei. Insgesamt faßt You've got M@il die positiven Aspekte des Internet im Happy End der Protagonisten zusammen.

# 9 Zusammenfassung und Ausblick

Diese Arbeit ging von dem Aspekt aus, daß Utopien oder Dystopien im Hollywoodfilm den zentralen Konflikt darstellen. Aus diesem Grund wurden die Filme unter dem Gesichtspunkt der Merkmale des Cyberspace und Internet analysiert. Es wurde versucht zu fragen, wie und wodurch diese Merkmale in den vorgestellten Filmen zu erkennen waren und wodurch sie definiert worden sind. Diese Merkmale betreffen erstens die Darstellung der wechselseitigen Beziehung zwischen Mensch und Maschine, zweitens die Merkmale des Cyberspace in der virtuellen Realität, drittens das Problem der Kontrolle und Verantwortung sowie viertens das Internet selbst mit den Problemen von Identität und Kontrolle.

Diese vier Merkmale repräsentieren sich auch in den einzelnen Themenbereichen, welchen die Filme zugeordnet wurden. Die Filme des Cyberpunk stellen die wechselseitige Beziehung von Mensch und Maschine in den Mittelpunkt des in der Handlung enthaltenen Konflikts. Diese Filme sind zumeist eine dystopische Reaktion auf die Versuche künstliches Leben oder künstliche Intelligenz zu erschaffen. Einerseits wird das Problem des Status von Androiden deutlich, andererseits wird die Gefahr, die von diesen Maschinen ausgeht, reflektiert.

Der Themenbereich der virtuellen Realität beschäftigt sich im wesentlichen mit der Auseinandersetzung über Freiheit in einer alternativen Welt oder Realität. Im Zentrum der Handlung steht immer wieder die Frage, wie real eigentlich die Welt ist, welche den Menschen umgibt. Dabei werden die verschiedensten Theorien beginnend mit Descartes, hin zu Baudrillard zugrundegelegt. Auch hier sind die Filme eine Reaktion auf eine technologische Entwicklung, welcher versucht wird einen Bedeutungsrahmen zu geben. Da insgesamt die postmoderne Theorie zugrundeliegt, daß alles konstruiert sei und nichts außerhalb des Textes existiere, können die Filme auch als Analogie zum Leben des modernen Menschen gesehen werden. Virtuelle Realität ist analog zu sehen, mit dem Willen sich in den Komfort, aber auch den Zwängen einer modernen, kapitalistischen Realität einzuordnen. Jedoch stehen diesen Filmen jene gegenüber, die letztendlich virtuelle Realität als Chance begreifen, einen uralten Menschheitstraum vom ewigen Leben zu verwirklichen.

Die dritte Gruppe setzt sich ebenso wie der Cyberpunk mit der Beziehung Mensch und Maschine auseinander. Während der Cyberpunk mehr eine fiktive Möglichkeit darstellt und meist in der Zukunft spielt, befindet sich der Zeitrahmen dieser Gruppe mehr in der Gegenwart und nutzt zeitgenössische Technologie. Dadurch ist es möglich, eventuelle Utopien und Dystopien vielmehr in das Bewußtsein der Zuschauer eindringen zu lassen. Der dargestellte Film macht deutlich, daß es keine absolute Sicherheit durch technologische Aufrüstung geben kann. Weiterhin stellt er treffend den Generationskonflikt zwischen Eltern und Kindern dar. Während die Nachkommen in die Technologie hineinwachsen, stellt die gleiche Technologie noch einen unbekannten Bereich für die Eltern dar. Deshalb entsteht ein Kommunikationsproblem, welches maßgeblich zum zentralen Konflikt des Films beiträgt.

Die sogenannten Internetfilme stellen die Hoffnungen aber auch Ängste, welche diesem Medium zugrundegelegt wurden, in den Mittelpunkt ihrer Handlung. Auch sind diese Filme ein Abbild der stark polarisierten Gruppe von Nutzern und Nichtnutzern. Während sich Nutzer durch die Kenntnis der Möglichkeiten des Mediums auszeichnen, ist die Gruppe der Nichtnutzer stark verunsichert durch die von den konservativen Medien geschürten Dystopien. In diese Kerbe schlagen demzufolge auch die Internetfilme. Einerseits wird das Internet als eine Zone dargestellt, in welchem man seine Identität verlieren kann. Der Hauptdarsteller muß sich mit Verschwörung und Paranoia auseinandersetzen. Auf der anderen Seite werden die Möglichkeiten des Internet dargestellt. So ist es möglich seine Identität neu zu definieren oder gar hinter die Maske des Alltags zu blicken. So spielen kommunikative Hindernisse, wie Beruf, gesellschaftlicher Status oder geschäftliche Konkurrenz keine Rolle.

Aufgrund des begrenzten Umfangs dieser Arbeit ist die Liste der angegebenen Filme keineswegs erschöpfend, jedoch lassen sich auch die Filme, welche nicht im einzelnen betrachtet worden sind, in dieses Schema einordnen. Zum Beispiel ist im Rahmen dieser Arbeit die Reihe der Star Trekfilme zwar erwähnt, jedoch nicht weiter analysiert worden. Bekanntlich stellen gerade diese Filme ein eigenes Universum dar, in welchem alle in dieser Arbeit behandelten Themen aufgegriffen worden sind. Aufschlußreich wäre es insofern das Star Trek Universum besonders im Hinblick auf die Zeit vor und nach dem Internet zu untersuchen, um festzustellen, wie die Holodeckszenen vom Thema des Internet beeinflußt worden sind. Spannend wäre auch eine Untersuchung in Hinsicht auf ein verwandtes Thema zum Hollywoodfilm, den Onlinespielen, insbesondere von Rollenspielen und ihren Effekten auf die Spieler, wobei besonderes Augenmerk auf das Sozialgefüge und dessen Beeinflussung durch die verwandten Hollywoodfilme liegen sollte.

# 10   Anhang A

## 10.1   Glossar

- Akustikkoppler.

   Vorläufergerät des Modems, welches man mit einem Telefonhörer verbunden hat. Diese
   Geräte erreichten höchsten 300 baud.

- Ausschneiden und Einfügen.

   Auch bekannt unter *Cut'n Paste*. Eine Arbeitstechnik auf einem Computer.

- Baud.

   Einheit, in welcher die Datenübertragung zwischen zwei Geräten gemessen wird.

- BBS.

   BBS bedeutet Black Board System und ist ein Server, auf dem sich Menschen einloggen
   können, um Nachrichten zu hinterlassen. Ein BBS ist auch vergleichbar mit einem MUD
   (Multi User Dungeon).

- Betriebssysteme.

   Windows gibt es ja nicht nur im gleichnamigen Betriebssystem, sondern wurden bereits vor
   MS Windows bei Apple MacIntosh für den gleichen Nutzen erdacht. Sämtliche Linuxdesktops setzen auf die selbe Idee auf.

- Cheat.

   Von Programmierern absichtlich eingebauter Fehler in einem Computerspiel, um schneller
   an eine Lösung zu kommen, unverwundbar zu sein oder endlos viel Ressourcen zu
   benutzen.

- Chinesisches Zimmer. Ein theoretisches Experiment, in welchem versucht wird darzulegen,
   daß eine Maschine nicht intelligent ist, nur weil sie die richtigen Antworten auf gestellte
   Fragen gibt.

- Client.

   Das ist ein Computer, der auf einen Server zugreift, der Daten bereitstellt.

- Crossroads MUD.

   Ein berühmtes MUD, in welchem der Verfasser dieser Arbeit seine ersten Erfahrungen mit
   dem Internet sammelte, war das MUD Crossroads (telnet://talkermud.com:5150), was trotz
   der Textlastigkeit (wegen der Unixkonsole) alle Gibsonischen Eigenschaften aufwies, es
   war durchaus möglich gedanklich in den Raum zu wechseln, wahrscheinlich mehr noch als
   es mit einer grafischen Oberfläche möglich ist. Es ist möglich sich zu treffen, zu disku-
   tieren, Crossroads war ein kleines internationales Universum.

- Denken *sub specie machinae.*

   Das Denken *sub specie machinae* ist eine Realisierung jenes Prinzips von Thomas Hobbes
   (De corpore), nach welchem der Mensch die Dinge und sich selbst einsieht im Maß, wie er
   sich und sie herzustellen vermag.

- Digital Literacy.

  Die Fähigkeit selbst Inhalte zu erstellen, statt passiv zu konsumieren wird auch „Digital Literacy" genannt. „Digital literacy is the ability to understand and use information in multiple formats from a wide range of sources when it is presented via computers

- Distributed Computing (Verteiltes Rechnen).

  Verteiltes Rechnen (engl. Distributed Computing) ist eine Technik der Anwendungsprogrammierung, bei der eine Applikation nicht nur auf verschiedene Prozesse aufgeteilt, wird, sondern auf verschiedene Rechner. [...] Dazu stellt jemand - oft auf einer Webseite - die Software zur Verfügung, die auf den Clients zur Lösung der speziellen Aufgabe laufen muß. Weiterhin verwaltet er die Aufgaben, die abgearbeitet sind bzw. gerade bearbeitet werden bzw. noch verteilt werden müssen. [... Man] meldet [...] sich an der Webseite an und läßt sich Daten zuteilen, die bearbeitet werden sollen. [...] Nach Ende des Programmlaufes[...] meldet man das Ergebnis an der Webseite zurück. Eines der ersten Projekte, die die Technik des verteilten Rechnens nutzten, war das SETI@home-Projekt der University of California, Berkeley, das somit die Rechenkraft eines teureren Supercomputers erzielte. Viele Projekte folgten, so z.B. medizinische Projekte wie Folding@home, ein Projekt zur Modellierung der Klimaentwicklung im 21. Jahrhundert und Projekte, die sich der Lösung von mathematischen Problemen verschrieben haben (GIMPS für Mersenne-Primzahlen, GFPS für Fermatsche Primzahlen ) oder MoneyBee zur Berechnung von Aktienkursprognosen. Heute gibt es fast in allen naturwissenschaftlichen Bereichen verteilte Rechenprojekte, sogar die Industrie bedient sich bereits der Technik.

- To flame; flame wars.

  Jemanden flamen kommt aus dem Englischen und bedeutet soviel wie zündeln, einen Streit beginnen.

- Hacker oder Cracker.

  Korrekterweise wird zwischen dem Begriff Hacker und Cracker unterschieden, der erste Begriff wird für jene verwendet, die sich besonders in der Computertechnologie als Programmierer auszeichnen. Cracker sind alle jene, die als Hacker einen illegalen Weg der Computernutzung beschreiten. Kevin Mitnick ist also ein Cracker, während Linus Torvald ein Hacker ist.

- Herkulesgrafik.

  Dies ist ein Monitortyp und eine Grafikkartenspezifikation, welche sich hauptsächlich durch farbige Schrift auf dunklem Hintergrund auszeichnete. Diese Technik ist inzwischen veraltet.

- Heyoka.

  Der Begriff stammt aus der Lakotamythologie und bezeichnet jemand der die Regeln immer umgekehrt befolgt, also eine Tricksterfigur.

- Interface.

  Schnittstelle zwischen Technik und Nutzer. Interessante Metapher die bereits auf das cyborgische Verhältnis zwischen Mensch und Maschine hinweist. Wörtlich heißt es: *Zwischen*

*Gesichtern.* Ergo hat die Maschine ebenso ein Gesicht, ist also ein gleichberechtigter Partner.

- IRL.

Eine der Abkürzungen, welche in den unzähligen Internetchats verwendet wird. Sie bedeutet „In real life" oder auf deutsch: „Im wirklichen Leben".

- Modem.

Ein Gerät, das mittels hoher und niedriger Töne Daten 0 oder 1 simuliert und damit Daten empfangen und senden kann. Modem steht für Modulator – Demodulator.

- MUD

Siehe auch Crossroads. Eine virtuelle Welt in einer Textkonsole.

- Nerd.

Andere etwas negative konnotierte Bezeichnung für Hacker, die diese Bezeichnung jedoch bedeutungsverschiebend auf sich in einem positiven Image anwenden.

- Nicknames.

Namen, die im Internet in Chats, E-Mails und anderen Services als Pseudonym verwendet. werden.

- Open Source.

Das ist ein Name für ein Lizensierungskonzept. Normalerweise wird der Quellcode unter Verschluß gehalten, damit keine Raubkopien hergestellt werden können oder damit keine ähnlichen Programme als Konkurrenz auftreten können. Open Source wird auch als eine Form von Redefreiheit angesehen.

- Read Access Memory.

RAM ist der Arbeitsspeicher, welcher nur temporär Daten halten kann.

- Rogerianische Schule.

Die rogerianische Schule beruht auf einer klientenzentrierten Psychotherapie mit Schwerpunkt im Gespräch, welche vom Psychotherapeuten Carl. R. Rogers entwickelt wurde. Dabei ist es wichtig, daß in Abgrenzung zur interpretativen beratenden Psychotherapie, keine komplexen Äußerungen zu den Aussagen des Probanden gegeben werden. Vielmehr liegt die Bestrebung darin, diesen zum Reden zu bringen, um dessen Selbsterkenntnis voranzutreiben. Es wird lediglich auf Schlüsselwörter reagiert, um das Gespräch voranzutreiben.

- Schrödingers Katze.

Ein Gedankenexperiment: Eine Katze in einer Box zusammen mit einer Kapsel tödlichen Gases und einem Atom, welches zwei Zustände annehmen kann: Ist der Zustand=1, dann überlebt die Katze, ist der Zustand = 2, stirbt die Katze. Man kann jedoch das Ergebnis nicht kontrollieren, weil das den Zustand des Systems verändern würde, man kann nur hypothetisch annehmen, welchen Zustand die Katze haben wird. *Schrödingers Katze* ist ein beliebtes Beispiel um ein Phänomen anschaulich darzustellen, das in der Quantenmechanik als „Überlagerung von Zuständen`` bekannt ist. Und zwar wird bei diesem Gedankenexperiment1 eine Katze in eine undurchsichtige Kiste gesteckt, zusammen mit einer Apparatur, die, gesteuert durch radioaktiven Zerfall, die Katze innerhalb von einer Stunde mit einer Wahrscheinlichkeit von 50% tötet. Die Frage ist nun, in welchem Zustand sich die Katze nach einer gewissen Zeit befindet, wenn man nicht in die Kiste hineinschaut - analog zur Frage nach dem quantenmechanischen Zustand eines Systems, solange man keine Messung an ihm vornimmt. Als Antwort auf diese Frage wird gegeben, daß die Katze sowohl gleichzeitig lebendig als auch tot ist. Erst wenn man die Kiste öffnet, manifestiert sich der Zustand in einer 100% lebendigen oder 100% toten Katze.

- SEC.

   Securities and Exchange Commission. Kommission in den USA, die den Wertpapierhandel beaufsichtigt

- Simcity.

   Ein Computerspiel, daß zum Ziel hat, die Entwicklung einer Stadt zu simulieren.

- Trickster.

   Ein Trickster ist eine Gestalt aus Mythologie, Sagen oder Märchen verschiedener Kulturen. So können sowohl die deutschen Figuren Til Eulenspiegel und Pumphut als Trickster gelten, die brasilianischen Exu, als auch die indianischen Koyoten-, Raben- oder Spinnenfiguren.

- Turingtest.

   Ein Test in welchem man versucht, ob eine Maschine intelligent ist.

- Usenet.

   Das Usenet ist der Teil des Internets, in welchem sogenannte Newsgruppen Nachrichten an einem virtuellem schwarzem Brett veröffentlichen. Ungefähr vergleichbar mit dem Vorgänger BBS.

- Visible Human Project VHP.

   Das VHP wurde von der US National Library of Medicine gegründet, entstand aus dem Verlangen heraus, ein digitales Archiv des menschlichen Körpers entstehen zu lassen. Zu diesem Zweck wurden die Leichen von Joseph Paul Jernigan und einer anonymen Frau aus Maryland eingefroren und deren Querschnitt Stück für Stück digitalisiert, so daß die Körper aus der fleischlichen Realität in die des Programmcodes überwechselten.

# 11    Anhang B

## 11.1  Filmographie

### 11.1.1 Besprochene Filme

- *Blade Runner (Director's Cut) 1982*

    Regie: Ridley Scott
    Buch: Hampton Fancher nach einem Roman von Philip K. Dick und David Webb
    Peoples
    Hauptdarsteller: Harrison Ford, Rutger Hauer, Sean Young
    Plotpunkt I: Deckard identifiziert Rachael als Replikantin.
    Zentraler Punkt: Deckard tötet Zhora und erkennt danach die Bedeutung seines
    Tuns.
    Plotpunkt II: Während Rhoy und Deckard miteinander kämpfen, stößt Rhoy sich
    einen Nagel durch die Hand.

- *eXistenZ 1999*

    Regie: David Cronenberg
    Buch: David Cronenberg
    Hauptdarsteller: Jennifer Jason Leigh, Jude Law
    Plotpunkt I: Ted läßt sich einen Bioport schießen.
    Zentraler Punkt: Allegra verbindet sich mit einem verseuchten Bioport in der VR
    und kann nicht mehr davon getrennt werden
    Plotpunkt II: Allegra erschießt Yevgeny Nourish, welcher zur Konkurrenz
    wechseln möchte

- *The Net 1995*

    Regie: Irwin Winkler
    Buch: John D. Brancato und Micheal Ferris
    Hauptdarsteller: Sandra Bullock, Jeremy Northam
    Plotpunkt I: Jack erschießt den Dieb von Angelas Handtasche.
    Zentraler Punkt: Auf einem Rummelplatz treffen Angela und Jack aufeinander.
    Plotpunkt II: Im Gefängnis erkennt Angela die Wahrheit über das
    Gatekeeperprogramm.

- *The Matrix 1999*

    Regie: Andy und Larry Wachowski
    Buch: Andy und Larry Wachowski
    Hauptdarsteller: Keanu Reeves, Laurence Fishburne, Carrie-Anne Moss
    Plotpunkt I: Neo befindet sich in den Händen der Agenten.
    Zentraler Punkt: Cypher verrät Morpheus.
    Plotpunkt II: Neo erkennt, daß es keinen Löffel gibt, während er Morpheus
    befreit.

- *Solaris 2002*

  Regie: Steven Soderbergh
  Buch: Steven Soderbergh nach einem Roman von Stanisław Lem
  Hauptdarsteller: George Clooney, Natascha McElhone, Viola Davis
  Plotpunkt I: Kelvin erreicht die Raumstation und sieht das Kind.
  Zentraler Punkt: Kelvin spricht das Gedicht Dylan Thomas'.
  Plotpunkt II: Kelvin und Gordon finden die Leiche des richtigen Snow.

- *The 13th Floor (alternatively The Thirteenth Floor) 1999*

  Regie: Josef Rusnak
  Buch: Daniel F. Galouye, Josef Rusnak
  Hauptdarsteller: Craig Bierko, Armin Müller-Stahl, Gretchen Mol
  Plotpunkt I: Douglas stellt fest, daß Fuller ihn doch anrief.
  Zentraler Punkt: Douglas befindet sich am Ende der Welt.
  Plotpunkt II: Eintritt Ashtons in die Welt von Douglas.

- *Wargames 1983*

  Regie: John Badham
  Buch: Lawrence Lasker und Walter F. Parkes
  Hauptdarsteller: Matthew Broderick, Ally Sheedy, John Wood
  Plotpunkt I: Auswechseln der Mitarbeiter gegen den Computer.
  Zentraler Punkt: Beginn des Spieles der Jugendlichen gegen den Computer.
  Plotpunkt II: Dr. Falkens Erscheinen mit dem Hubschrauber.

- *You've got M@il 1998*

  Regie: Nora Ephron
  Buch: Miklos Laszlo und Nora Ephron
  Hauptdarsteller: Tom Hanks, Meg Ryan
  Plotpunkt I: Frank hat eine neue Schreibmaschine gekauft.
  Zentraler Punkt: Joe erkennt, wer Kathleen in Wahrheit ist.
  Plotpunkt II: Joe macht einen Krankenbesuch bei Kathleen.

### 11.1.2  Erwähnte Filme

- *Hackers 1995*

  Regie: Iain Softley
  Buch: Rafael Moraeu
  Hauptdarsteller: Jonny Lee Miller, Angelina Jolie, Jesse Bradford

- *The Lawnmower Man 1992*

  Regie: Brett Leonard
  Buch: Stephen King (Nur der Titel) Brett Leonard
  Hauptdarsteller: Jeff Fahy, Pierce Brosnan

- *Videodrome 1983*

  Regie: David Cronenberg
  Buch: David Cronenberg
  Hauptdarsteller: James Woods, Sonja Smits

- *Virtuosity 1995*

  Regie: Brett Leonard
  Buch: Eric Burnt
  Hauptdarsteller: Denzel Washington, Russel Crowe

- *Solaris 1972*

  Regie: Andrej Tarkowski
  Buch: Fridrikh Gorenstein nach einem Roman von Stanisław Lem
  Hauptdarsteller: Donatas Banionis, Natalya Bondarchuk

- *Star Trek: First Contact 1983*

  Regie: Jonathan Frakes
  Buch: Nach der TV-Serie von Gene Roddenberry, Rick Berman
  Hauptdarsteller: Patrick Stewart, Jonathan Frakes, Brent Spiner, Alice Krige

## 11.2  Bibliographie

### 11.2.1 Primärliteratur

- William Gibson: *Biochips*. München. 1995.

- William Gibson: *Count Zero*. New York, NY. 1986

- William Gibson: *Mona Lisa Overdrive*. München. 1994.

- William Gibson: *Neuromancer*. München. 1994.

- Aldous Huxley: *Schöne Neue Welt. Ein Zukunftsroman*. München. Zürich. 1976.

- Franz Kafka: *Das Schloß*. München. 1926.

- Franz Kafka: *Die Verwandlung*. Leipzig. 1915.

- Stanisław Lem: *Solaris*. Berlin. 1983.

- George Orwell: *1984. Roman*. Berlin. 1984.

- Dylan Thomas: *The Collected Poems of Dylan Thomas*. New York. NY. 1957.

### 11.2.2 Sekundärliteratur

- Arno Baruzzi: *Mensch und Maschine. Das Denken sub speciae machinae*. München. 1973.

- David Bell: *An Introduction to Cybercultures*. London. UK. 2001.

- Frances Cairncross: *The Death of Distance*. Boston. 1997.

- John Calhoun: *Destination: 13th Floor. Digital enhancement lends time-hopping saga a designing hand*. IN: *Entertainment Design. The Art and Technology of Show business*. New York, NY. 5. 1999. S. 50-53.

- Manuell Castells: *The Internet Galaxy. Reflections on the Internet, Business and Society*. Oxford, New York. 2001.

- Vaclav Cibula: *Der Golem*. IN: Vaclav Cibula: *Prager Sagen*. Berlin. 1988. S. 158-171.

- Sean Cubitt: *Digital Aesthetics*. London. 1998.

- Syd Field: *Das Handbuch zum Drehbuch.* Frankfurt 2001.

- Rüdiger Funiok, Udo F. Schmälzle: *Medienethik vor neuen Herausforderungen.* IN. Rüdiger Funiok, Udo F. Schmälzle, Christoph H. Werth (Hg.): *Medienethik – die Frage der Verantwortung.* Bonn. 1999.

- Wendy Harcourt (Hg.): *Women@Internet. Creating New Cultures in Cyberspace.* London, UK. 1999.

- Andrew Herman, John Sloop: *Red Alert! Heaven's Gate and Friction Free Capitalism.* IN. Thomas Swiss, Andrew Herman (Hg.): *Magic, Metaphor, and Power.* New York, NY. 2000. S. 70-98.

- Karlheinz Jakob: *Maschine. Mentales Modell. Metapher.* Studien zur Semantik und Geschichte der Techniksprache. Tübingen. 1991.

- Dietmar Kamper: *Nachwort. Die Schnittstelle von Bild und Körper.* IN: Hans Belting und Dietmar Kamper (Hg.): *Der zweite Blick.* München. 2000.

- Teresa de Lauretis: *Becoming Inorganic.* IN: *Critical Inquiry.* Chicago, IL. 29(4). 2003. S. 547-570.

- David Lavery: *From Cinespace to Cyberspace. Zionists and Agents, Realists and Gamers in the Matrix and eXistenZ.* IN: *Journal of Popular Film and Television.* Bowling Green, OH. 28(4). 2001. S. 150-157.

- Marshal McLuhan: *Understanding Media. The Extensions of Men.* New York. 1964.

- Vincent Mosco: *Webs of Myth and Power.* IN: Andrew Herrman, Thomas Swiss (Hg.): *The World Wide Web and Contemporary Cultural Theory.* New York, London. 2000.

- Klaus Müller: *Verdoppelte Realität – virtuelle Wahrheit?* IN. Rüdiger Funiok, Udo F. Schmälzle, Christoph H. Werth (Hg.): *Medienethik – die Frage der Verantwortung.* Bonn. 1999.

- Michael Nagula: *Nullstelle. Nachwort.* IN. William Gibson: *Neuromancer.* München. 1994.

- Christina Nord: *Kommentar.* IN. *taz.* Berlin. 6975. 8.2.2003. S. 31.

- Erhard Oeser: *Wissenschaft und Information – Systematische Grundlage einer Theorie der Wissenschaftsentwicklung.* Bd. 2. Wien, München. 1976.

- Udoka Ogbue: *Englischstudium & Internet.* Berlin. 2001.

- Murray Pomerance: *Neither Here Nor There: ExistenZ as „Elevator Film".* IN: *Quarterly Review of Film & Video.* Lincoln. NE. 20. 2003. S. 1-14.

- Gene I. Rochlin: *Trapped in The Net. The Unanticipated Consequences of Computerization.* Princeton, NJ. 1997.

- Edward Rothstein: *A Hackers Haunting Vision of a Reality within Illusion.* IN. *The New York Times.* New York, NY. 17.4.1999.

- Adriana de Souza e Silva: *From simulations to hybrid space. How nomadic technologies change the real.* IN. Intellect Ltd. (Hg.): *Technoetic Arts. A Journal of speculative Research.* Bristol, UK. 1(3). 2003. S. 209-221.

- Katja Silverman: *Back to the Future.* IN: *Camera Obscura. A Journal of Feminism and Film Theory.* Durham, NC. 27(9). 1991. S. 108-133.

- Jonathan Sterne: *Thinking the Internet. Cultural Studies versus the Millenium*. IN. Steve Jones. (Hg.) *Doing Internet Research: Critical Issues and methods for examining the net*. London. 1999.

- Thomas Swiss, Andrew Herman: *The WWW and Contemporary Cultural Theory*. New York, London. 2000.

- Sherry Turkle: *Life on Screen*. New York, NY. 1995.

- Sherry Turkle: *What are we thinking about when we are thinking about computers?* IN. Mario Biagioli (Hg.): *The Science Studies Reader*. London. 1999.

- Barry Wellman und Milena Gulia: *Virtual Communities as Communities. Netsurfers don't ride alone*. IN: Marc Smith and Peter Kollock (Hg.): *Communities in Cyberspace*. London. 1999.

- Raimar Zons: *Die Zeit des Menschen. Zur Kritik des Posthumanismus*. Frankfurt am Main. 2001.

## 11.3 Verzeichnis der Quellen im Internet

- Maren Arnhold: *TESMIK. Einführung*. http://www.stud.uni-goettingen.de/~marnhol/tesmik/einfuehrung.html. URL vom 26.09.2004.

- Andrew Arsham: *Cyborg as Trickster. Power and Invisibility*. http://charlotte.acns.n-wu.edu/charles/library/essays/cyborg.html. URL vom 26.04.200

- John P. Barlow: *Declaration of Independence of Cyberspace*. http://www.eff.org/~Ebarlow/Declaration-Final.html. URL vom 26.09.2004.

- Murray Chapman: *Bladerunner. Frequently Asked Questions*. http://www.uq.edu.au/~csmchapm/bladerunner. URL vom 26.09.2004

- Karl Günther Durwen: *Ureda. Chinesisches Zimmer*. http://www.ureda.de. URL vom 26.09.2004.

- Karl Günther Durwen: *Ureda. Turingtest*. http://www.ureda.de. URL vom 26.09.2004.

- Fischer-Freitas Company: *The official IMSAI Website*. http://www.imsai.net/movies/wargames.htm. URL vom 26.09.2004.

- Lenny Foner: *What's an Agent, Anyway? A Sociological Case Study*. http://foner.www.media.mit.edu/people/foner/Julia/subsection3_2_1.html. URL vom 26.09.2004.

- Baudrillard: Interview. IN: Le Nouvel Observator: *Baudrillard decodes the Matrix*. 17.8.2004. http://www.teaser.fr/~lcolombet/empyree/divers/Matrix-Baudrillard_english.html. URL vom 26.09.2004.

- Heise News: *Simulierte Quantencomputer im Internet*. 15.6.2004. http://www.heise.de/newsticker/meldung/48266. URL vom 26.09.2004.

- Ute Hoffmann: *Talk to my Agent... Bots, Spider und andere seltsame Netzbewohner*. http://duplox.wz-berlin.de/texte/bots/. URL vom 26.09.2004.

- Internet Movie Database: *Solaris. Taglines*. http://www.imdb.com. URL vom 26.09.2004.

- Günther H. Jekubzik: *Solaris. Eine Kritik*. http://www2.arena.de/FILMtabs/archiv/S/Solaris.html. URL vom 26.09.2004.

- Michael Kaul: *Deutsche Übersetzung Hobbes' Zeitgeschichte des Internet*. http://www.isoc.org/internet/history. URL vom 26.09.2004.

- Alicia Potter: *The eXistenZ of Life. A Talk with Director David Cronenberg*. http://www.infoplease.com/spot/existenz1.html. URL vom 26.09.2004.
- Mike Radencich: *Bladerunner. Transcription*. http://BRmovie.com. URL vom 26.09.2004.
- Ralf Schulze. *Was wäre wenn Hitchcock Excel geschrieben hätte? .oder. Wie kann uns die Dramaturgie von Spielfilmen helfen, die Neuen Medien spannender zu gestalten? Innerhalb des Seminars "Computers as Theaters". im WS 98/99 bei Herrn Kazaheli*. FH Wedel. http://stud.fh-wedel.de/~mi7681/start.htm. URL vom 26.09.2004.
- Thomas Schwietring: *Soziologische Grundbegriffe 3*. http://www.uni-kassel.de/~schwietr/Grundbegriffe2004_3_Gesellschaft.pdf. URL vom 26.09.2004.
- Joseph Weizenbaum: *ELIZA. Communications of the ACM*. http://i5nyu.edu/~mm64/x52.9265/january1966.html. URL vom 26.09.2004.
- Wikipedia: *Distributed Computing*. http://de.wikipedia.org/wiki/Distributed_Computing. URL vom 26.09.2004.
- Wikipedia: *Gemeinschaft*. http://de.wikipedia.org/wiki/Gemeinschaft. URL vom 26.09.2004.
- Juliane Zielonka: *Specials - clooneyfiles.com - George Clooney*. http://www.clooney-files.com/specials/solaris/index.shtml. URL vom 26.09.2004.